시를 쓰고
커피를 볶는 것은
운명이
아닐까요?

시를 쓰고
커피를 볶는 것은
운명이
아닐까요?

발행 2024년 1월 1일

지 은 이	최요환
펴 낸 이	김주연
북디렉팅	엄재근
기획편집	그린팰스
디 자 인	M.S.G.
펴 낸 곳	지식플랫폼
주 소	서울시 금천구 벚꽃로 286, 507호
등록번호	제 25100-2017-000051호
이 메 일	bookplatform@naver.com
팩스번호	02-6499-4370

ISBN 979-11-88910-82-3(03810)
책값은 표지 뒷면에 있습니다.

이 책은 저작권법에 의하여 보호를 받는 저작물이므로 무단 전재와 무단 복제를 금합니다.
잘못된 책은 구입하신 서점에서 바꾸어 드립니다.

시인이 볶는 커피 용수리 존카페 이야기

시를 쓰고 커피를 볶는 것은 운명이 아닐까요?

최요환 지음

지식플랫폼

추천사

  무들이 마을 초입, 물이 들어오는 곳이라 용수리라고 이름 붙은 곳에 연고도 없는 낯선 외지인이 들어와 커피를 볶는 작은 커피숍을 열었다.
  사람이 줄어드는 마을에 커피숍이 생기고 나서 사계절을 느낄 수 있는 어여쁜 벽화가 그려지고, 왕벚꽃 나무 아래 포토존이 만들어지고, 봄처럼 사람이 모였다.
  이제는 마을을 무대로 커피숍에서 일어난 이야기를 모은 책이 출판된다고 한다.
  뜨거운 여름날 커피숍 테라스에 앉아 직접 볶는 커피로 내린 아이스커피를 한 잔 마시면서 잠시나마 더위를 식힐 수 있는 마을이 되었다. 시간이 지나면 진해지는 커피 향기처럼, 사람이 모이고 향기를 채우는 공간이 되었다.

용수1리 이장 지재운

"짧은 고통이 지나가고 간 뒤에 찾아온 것은 살았다는 안도감이 아니라 웃음이었다. 나에게 또 다른 선택지가 유머러스하게 찾아왔다."라는 그의 글을 읽어본다.

그가 경기도 읍내 용수리에 카페를 차렸다고 하면서, "감사합니다. 장로님." 인사를 전하는 전화를 받은 적이 있다.

언제인가 교회 장로로서 성도에게 명절 선물로 보낸 멜론 세 덩이가 죽으려고 했던 그를 살렸다고 한다.

나로서는 모르는 일이다. 그도 모를 것이다.

그가 삶과 죽음의 순간에서 결정한 것은 오로지 하나님이 주관하신 일이기 때문이다.

그에게 "이제는 이쁘게 살았으면 좋겠다."라고 말해 주었다.

(주)우림월드 대표 안윤덕

추천사

오래전 지역구인 읍내 곳곳을 시찰 중에 늦은 저녁 우연히 들렀던 작은 마을 커피숍, 벽면 한쪽에 커피숍 주인이 쓴 시의 한 구절이 있었다.

사람이 사람을 아프게 하지 않았으면 좋겠다.
가끔 작은 들풀에라도 넘어져 아파 울었으면 좋겠다.

이 책은 작은 마을 카페의 소소한 일상과 관계 속에서 상처 입은 이들에게 위로와 사랑을 전하고, 사람을 아프게 하지 않기를 간절히 바라는 소시민의 마음 같다.
어쩌면 정치가 꿈꾸고 싶은 사람이 사람에게 진솔한 마음을 전하는 책일지도 모르겠다.

경기도 광주시을 국회의원 임종성

코로나19를 지나면서 한국교회는 지역 사회와의 소통 단절이라는 위기 앞에 서 있습니다. 이는 단순히 한국 교회의 쇠퇴를 넘어 한국 교회의 생존까지 걱정하게 합니다.
    물론 여러 대안들이 제시되고는 있지만 대부분 임시 방편적인 처방에 지나지 않습니다.
    이에 대한 대안으로 '시인이볶는커피' 대표 최요환 바리스타는 지역사회와 소통을 이루고 더 나아가 지역 주민들이 함께 어우러질 수 있는 지역 거점 공간을 확보하기 위하여 커피와 책을 매개로 한 북카페 도서관을 설립해 왔습니다.
    최요환 대표는 커피를 소통 문화의 상징적 가치로 여기고, 지역과 단절된 교회가 지역 속에서 다시 회복될 수 있는 기회로 교회가 중심이 된 북카페 도서관 설립과 운영을 제시하고 있습니다.
    대한민국은 '커피 공화국'이라 부를 정도로 커피에 대한 수요가 급증하고 있습니다. 교회가 지역 주민들과의 소통을 위해 커피에 대한 전문적인 지식을 갖추면 큰 도움이 될 수 있습니다. 특히 지역 내 북카페 도서관이 역할을 하는 데 커피만큼 좋은 매개체가 없다고 생각합니다.

추천사

　커피 인구가 급증함에 따라 커피를 전문적으로 교육하는 기관 및 단체는 많지만, 대부분 교육 시간이 길고 자격증을 취득하기까지 비용도 비싼 경우가 많습니다.
　하지만, 최요환 대표는 북카페 도서관을 통해 커피 문화 확산 및 교회 바리스타 대중화를 선도하기 위해, 짧은 시간 안에 체계적인 교육과 실습으로 지역주민 누구나 열정만 있으면 실전적인 다양한 고급 커피를 제조할 수 있도록 지원하고 있습니다.
　또한 교회의 선교적 목적과 교회 자립을 동시에 만족시키는 교회에 적합한 교육 시스템을 찾기가 어려운 가운데, '시인이볶는커피' 최요환 바리스타는 커피에 대한 기초부터 고급 기술까지 전반적인 실무뿐만 아니라 커피를 통해 지역사회와 지속적으로 소통하는 교회에 대한 방향을 제시하고 있습니다.
　"요즘 사람들에게 커피는 삶입니다. 밥은 먹지 않아도 커피는 마시는 시대입니다. 교회 커피는 맛있어야 합니다. 향이 진동하는 커피 한 잔에 사람들이 좀 더 마음을 열고 모이게 할 수 있습니다."
　그는 사람의 마음을 울리는 이야기로 이어지기 위해서는 커피 한 잔에도 더 풍부한 지식과 마음을 얻는 간절함이 필요하다고 말합니다.

"지속적으로 사람의 마음을 이해하도록 공부해야 합니다."라면서 "교회 내 북카페 도서관이 사람들이 살아가는 소소한 이야기를 하는 사랑방이 되고, 상처 입은 자의 마음을 헤아리는 치유방, 일자리를 창출하는 교육방 등 지역 사회에 필요를 채워 주는 공간으로 확대되기 위해 실제적인 감동이 필요하다."고 말하고 있습니다.

이 책을 통하여 많은 교회와 평신도, 교회의 리더쉽이 큰 도전을 하고 지역을 위한 섬김의 장으로 교회 내 북카페 도서관이 전국 곳곳에 설립되고 활성화되기를 바랍니다. 그리고 더 많은 사람들과 이웃이 되고, 더 많은 이웃이 하나 되는 지역의 소통 창구로 세워지길 기도하며 기쁜 마음으로 이 책을 추천합니다.

(사)한국복지목회협의회 대표 장윤제 목사

프롤로그

　납품 주문이 들어온 커피 로스팅을 막 끝내고 시원한 아이스커피 한 잔을 들고 테라스 의자에 앉아서 한낮의 소란이 잦아든 마을 거리의 풍경을 본다. 한낮을 달구던 태양이 하루의 기억 너머로 휴식하기 위해 멈춘 시간 안에서, 이제는 잘 생각나지 않는, 남아 있는 조각들을 하나 둘 귓가를 스치는 바람에 실어서 떠나보내고 있다. 지난 시간을 돌이켜 보면 그때가 항상 마지막이라고 여겼다. 그 순간의 짧은 고통이 지나가고 간 뒤에 찾아온 것은 살았다는 안도감이 아니라 웃음이었다. 매번 나에게 또 다른 선택지가 유머스럽게 찾아왔다. 그날은 겨우내 시린 날들이 막 풀어지는 계절이었다.

　2015년 4월. 나는 숨을 쉬지 못했다.
　119 구급대의 보고서에는 내가 들것에 실려 가다가 심정지 상태가 왔다고 한다. CPR로 흉부가 부서지게 눌러 대다가 모르핀을 수차례 심장에 놓고 제세동기로 가슴을 마구 지졌다고 했다. 물론 그 순간의 그 기억은 남아 있지 않다. 집에서 한 블록 거리에 있는 대학병원 응급실로 실려 갔었다. 후에 의사 말로는 병원으로 이송되는 동안 심장이 5분 정도 멈췄다고 했다. 심정지 4분 후부터는 심장 세포가 괴사하고 뇌사가 진행된다고 하면서, 집과 병원이 가까워서 2%도 채 안 되는 확률로 살아났다고, 더구나 뇌나 다른 장기가 멀쩡해서 기적이라고 했다. 심정지 시간 동안 나는 기억을 하지 못하지만 응급실에서 깨어나기 전 불과 몇십 초는 기억한다. 알 수 없는 존재

의 안락한 품에 안긴 듯이 긴 잠을 자고 있었다.

　내 몸을 쓰다듬는 손길을 느낄 수 있었고 기억나지 않는 속삭임을 들었다. 그러다 갑자기 시간이 폭포처럼 쏟아지고 숨을 못 쉬는 고통이 밀려오면서 세상의 온갖 시끄러운 소리가 들렸다. "이보세요, 정신 들어요? 이름이 뭐예요?"라는 누군가의 다급한 소리가 귀를 울렸다. 실려온 곳이 어딘지도 몰랐다. "숨을 못 쉬어요. 죽을 거 같아요."라면서 고통에 일그러진 소리로 반복해 말했던 것 같다. 급하게 수술실로 옮겨졌고 난 중환자실에서 다시 눈을 떴다.

　며칠 후 목사님이 오셔서 나에게 "달리다 쿰"이라고 하셨다. 그 소리에 나도 모르게 두 눈에서 눈물이 흘렀다. 그 당시에는 눈물의 의미를 몰랐지만 지금은 어렴풋이 알 것도 같다. 다시 살아나서 기뻐서도 아니고, 죽지 못해 억울해서도 아니었다. 나에게 너무 미안해서 흘러내렸던 눈물이었던 것 같다. 중환자실에 있는 동안 기도만 했던 것 같다. 그 순간 내 안에서 울리는 음성이 있었다. "세상에 핀 한 송이 꽃처럼 살다 내게 오라."

　아무런 이유도 목적도 없이, 산티아고 순례길을 걷고 싶었다. 담당 의사의 만류에도 난 무작정 배낭을 꾸려서 프랑스 생장에서 스페인 산티아고까지 두 달이 넘는 길을 걷기 시작했다. 산티아고를 향해 길을 걷다 만나 길동무가 되었던 아르헨티나 여성이 나에게 이런 질문을 한 적이 있었다.
　"존, 지금 이 길에서 무엇이 가장 중요하지? 산티아고에 가는 것일까?"
　"아마도 네가 길을 걷다가 숲속 새들의 지저귐을 듣고, 강을 건너기도 하고, 신을 만나고 무엇보다도 길 위에서 너 자신을 만나는 것이 중요하지 않을까? 나는 오스트루가 교회 안에서 그것을 봤어. 너는 그렇지 않니? 나는 이제 산티아고에 가는 것은 중요하지가 않아. 오늘 이 길을 걸을 수 있다는 것이 내게 중요하니까."라고 말해 준 적이 있다.

"내가 잘해 낼 수 있을까? 잘하고 있는 것인가." 하는 의문과 두려움이 남아 있지만 이제는 온전한 나의 길을 걸어가고 싶다. 훗날 하나님 앞에 다시 돌아갔을 때 엎드려 참회를 하면서 겨울이 풀리던 수상한 봄날에 나를 다시 돌려보내신 이유를 그분께 묻기 위해서라도. 현실에서 도망쳐 몇 번이나 생을 포기하려고 했고, 사람이 두려워 집 안에 갇혀 짐승 같은 시절을 보내면서 심장이 멈추기도 하였다. 하지만 용수리에 내려와 작은 마을에 카페를 열고 커피를 볶으면서 여러 계절이 지나갔다.

이곳에서 커피를 볶고 팔면서 많은 사람을 만나면서 울고 웃었던 것 같다. 작은 마을 용수리에서 겪었던 매일매일의 작은 일상을 적었다. 그 에피소드를 모아 책으로 내게 되었다. 카페 뒤편에서 원고를 탈고 중에 문득 감사가 나온다. 비가 그치고 나니 테라스 앞 연두가 올라오는 나무에 작은 새들이 모여들고, 다시 생명이 올라오는 뿌리를 내리는 단단한 나무처럼 하나님이 보내 주신 모든 인연을 위해 기도를 올린다. 아멘.

2023년 겨울 초입에
최요환

1부_커피에 이름을 짓다

용수리 시인이 볶는 커피　16
무작정 커피를 볶다　18
커피에 이름을 짓다　21
시를 쓰고 커피를 볶는 것은 운명이 아닐까요?　24
시　25
커피는 밥을 짓는 것과 같아요　27
커피 공장을 옮기면서　30
별의 탄생과 커피　32
진심을 볶는 커피　34
로스팅은 마음을 볶는 것 같습니다　37
커피는 색이다　40

2부_이곳 카페에 손님이 많은 이유를 아냐고?

두 번 망한 카페 세 번째 주인　45
가시 많은 말에도 향기가 있다　49
문　53
손님에게 절대 커피 팔지 마세요　54
내 얼굴은 나에게 하는 고백이다　58
안부　60
사람을 남기는 장사　62
그까이것　66
말에는 향기가 있다　68
말 한마디가 그리울 때가 있다　71
세상이 시끄러운 것은　73
언어가 가진 배려　75
밥은 먹었니?　77
이곳 카페에 손님이 많은 이유를 아냐고?　80

3부_지금 행복하세요?

희한한 하루　86
어쩌면 우린　89
우리가 행복한 이유　90
행복은　92
전 지금이 몹시 궁금합니다　94
행복한 맛　97
지금 행복하세요?　98
생명 하나가 나에게 온다는 것은　100
우리는 수평을 찾아 떠도는 별이다　103
내가 사랑하는 것들은 전부 별이 되어라　106
누군가에 화가 난다면　109
축복을 나누어라　110
나눈다는 것은　112

4부_상처는 어떻게 꽃이 될까?

씨앗 하나가 그냥 꽃이 될 리는 없다　117
별을 찾아가는 우리처럼　120
꽃은　122
들꽃에 물어보렴　125
꽃 아래서　126
꽃　129
꽃은 자꾸만 수평을 향해 피어날 것이기에　130

상처는 어떻게 꽃이 될까?　132
별과 꽃이었으면　135
온종일 비가 내리는 하루　136
철판에도 향기 나는 꽃은 핀다　138
철판　141
멜론 세 덩이　143
공존　146
나무 아래에　149
나무로부터 나는 들었네　151
토마토가 자라고 있어　152
17층 달팽이　155
겨울을 견뎌내고　157
오리　158
달　160

5부_비는 너에게 천천히 알려 준다

지금 내리는 비처럼　165
비가 내리는 순간　168
비　170
비의 농담　172
비의 소리　175
비는 너에게 천천히 알려 준다　176
날이 점점 추워진다는 것은　178
겨울나무　180
용수리에서 첫눈　182
첫눈　184
오늘처럼 눈이 내리는 날에는　187
눈　189

봄의 환대　191
청개구리　194

6부_누구나 순간이 있답니다

순간　198
누구나 순간이 있답니다　200
그래도 힘내!　203
절망이 너에게 오면　206
이율배반　209
우연적 필연　211
꿈을 만드는 연금술사　213
천국이 있을까요?　216
값없이 살 수 있는 것들　219
진심이라는 비번　222
염치가 없어서　224
불평한 공평　227
운명　231
언어　234
어쩌겠노, 마무리 잘해라　236
희망　239
감사는 선물이다　242
감사의 기도　244

에필로그

너와 함께하는 모든 순간이　249

1부

거리에 이름을 짓다

커피를 볶다가 잠시 로스팅 공장을 벗어나
미지의 우주로 여행을 떠나는 상상을 한다.

커피를 볶는다는 것은
여전히 막연하지만 그 원시의 몸짓인
인간과 커피와의 소통 같다.

미지의 우주를 유랑하는 별처럼
맛과 향 이전의 세계가 멈춰버린 시간의 껍질에 갇힌
커피가 아우성치는 태고의 내면을 들여다본다.

내가 볶은 커피를 마시는 사람에게
그 커피의 이름과 이야기를 전해줘야 할 것 같다.

먼저 향과 맛 이전의 울림을.

용수리 시인이 볶는 커피

용수리 존 커피,
경기도 광주시 초월읍에 있는
12평 작은 마을 커피숍이다.

커피숍을 시작하면서 간판조차 달 형편이 아니었지만,
덜컥 비싼 장비와 작은 로스터기까지 할부로 사 버리고 말았다.

카페를 오픈한 지 한 달 만에 현실에 직면했다.
매달 400~500만 원씩 갚아 나가야 하는 나로서는
하루도 쉬지 않고 가게 문을 필사적으로 열어야만 했다.

마을 커피숍에서
부끄러움에 선글라스를 쓰고
영문 이름인 자칭 존이라고 부르는, 외지에서 흘러온 낯선 이방인에
마을 분들이 적잖이 당혹했던 것 같다.

커피를 팔기 위해 내가 할 수 있는 최선은 진심뿐이었다.
시간이 흐르고 마을에 커피숍이 안착되었을 무렵,
마을 어르신이 낯선 내 영어 이름을 부르면서 내 손을 꼭 잡고는

"존, 난 커피를 좋아하지 않지만
가끔 여기를 오는 것은 존이 있어 행복해서야.
존이 잘돼도 여기를 떠나지 않았으면 좋겠어."라고 하셨다.

마을 번영회 회장님과 이장님이
마을 행사를 했다고 백숙을 고아서 가지고 오시면서
"젊은 친구가 참 열심히 살아서 고맙다."라고 하신다.

아무래도 난 좀처럼 용수리를 떠날 수 없을 것 같다.

무작정 커피를 볶다

인수한 마을 카페 안에 파티션을 만들고 소형 로스터기를 들여
놓고 커피를 볶기 시작할 때는 막막하였다.

뭐랄까 두 번이나 망한 카페를 인수해
처음 장사라는 것을 시작하면서
기대감이나 희망보다는 공포와 두려움이 더 많았던 것 같다.

인터넷이나 커피 관련 책을 뒤져가며 공부하다가
조급한 마음에 남의 것인 프로파일을 무작정 베끼고는
마치 내 것인 양 로스팅을 한 적도 있었다.

이런 편법적인 방법은 얼마 안 가 한계에 부딪히고 말았다.
생존하기 위한 나만의 새로운 돌파구를 찾아야만 했다.
커피를 업으로 하는 후발 주자의 핸디캡을 극복하기 위해서
나만의 방법을 찾아 나섰다.

감별을 위해 한 달여를 물만 마시면서
혀의 미뢰에 감각을 찾으려고 하기도 했고
에스프레소를 감별하기 위해 하루 60여 잔씩 마시다가

위벽이 상해서 피를 토하기도 했고,
딱딱한 생두를 씹어 먹다가 이가 부러지기도 했다.

그 대가로 현재 치조골 이식과 7개의 임플란트 시술 중이지만
세상 어느 것도 허투루 얻어지는 것은 없다는 것을 배웠다.
그렇게 몇 개월이 지나고 보니 책이나 인터넷에 나오는
일반적인 특징이 아닌,
무수한 시행착오를 거치면서 체득한 각각의 생두의 개성이나 특질을
내 감각으로 조금씩 구별할 수 있게 되었다.

특히 에스프레소 블렌딩에서는
각 생두의 특성별로 연결해 주는 맛과 스토리를 만들어 주는
파이프라인을 파악하고 연결성을 고려해 블렌딩해야 한다.

커피에는 정답이 없는 것 같다.
같은 생두로, 같은 기계로, 같은 온도로 볶아도
사람이나 날씨, 계절, 생두의 수확 시기에 따라
맛은 전혀 다르게 표현되기도 한다.
그리고 커피를 볶을 때는 좋은 품질을 쓰고 정직해야 한다.
커피를 볶을 때마다 내가 할 수 있는 최선은
행복하게 볶는 커피가 누군가에게 전해질 때
기쁨과 행복이 가득히 전해지기를 바라면서
기도할 뿐이다.

커피에 이름을 짓다

용수리에서 커피를 볶으면서 다양한 상상을 하곤 한다.

꽃이 다양한 향기와 색을 가지고 있는 것처럼
커피도 저마다의 향과 개성을 가진 생두로
글이나 붓으로 시를 쓰고 그림을 그리듯
자유로운 묘사가 가능해 보였다.

각 대륙에서 내게 온 생두에서
꽃과 과일 향기, 달콤함, 쓸쓸함 등등을 뽑아내 뒤섞어
어떻게 그릴 것인가에 대해 고민이 많아졌다.

커피로 기쁨, 행복, 사랑, 치유, 슬픔 등에 대하여
향과 맛으로 표현해 보고 싶었다.
이제는 커피도 흔한 이미테이션이 아닌
커피를 볶는 것에서 커피를 창조하는 창작의 영역,
작가의 시대가 오고 있는 것 같다.

커피는 숨을 쉬는 유기체이며 생명이다.
그 생명을 상상한다는 것,

상상력은 커피의 생명을 재탄생시키는 기폭제이다.
과학과 만나고 감성과 만나고 진심이 만났을 때,
커피는 새로운 표정과 감정으로 재탄생한다.

문득 커피 한 잔을 마시면서
울고 싶을 때 더 울고 싶어지는 새드한 커피 블렌딩을 상상해 본다.
"상처를 녹여 슬픔을 담은"
우리는 울고 싶을 때 실컷 울어야 하니까.

상처는 나만의 빈 잔이다.
상처를 치유하기 위해서는
슬픔을 부어 채워서라도
상처를 넘치게 해야 한다.

시를 쓰고 커피를 볶는 것은 운명이 아닐까요?

커피를 볶고 커피를 내리는 것도
시를 쓰는 것과 같은 것 같다.
어떤 생두를 볶을까? 어떤 뉘앙스를 찾아낼까?
생두가 품고 있는 마음을 찾아
어떤 향과 맛으로 표현을 할까?
고민을 한다.

그리고 마음을 다해 볶은 그 커피 한 잔을
누군가는 그 마음만은 알아주길 바라면서,
향기와 진심이 녹아 있는 마음을 마시고
꽁꽁 언 마음이 시처럼 녹기를 바라면서,
또 그 커피를 마시는 그 순간만이라도
그 누군가가 조금은 행복해지기를 바라면서 말이다.

시

시를 왜 쓰고 있는지 모른다

존재와 비존재가 엉켜진 실타래를 풀려는 고집,
집착, 아니 해독의 중독 같다

시를 쓸 때는 행선지도 모르고 출발한다
오직 출발역만 있다
중간중간에 쉬는 행과 행 사이에 내려
횟집 도마 위 눈만 껌벅이는 체념처럼 시퍼런 칼날에 싹둑
끊기는 것도 싫다

은하로 언어가 회귀하는
종착역 없는 비린내 나는 길마다
마리 마리 눈처럼 죄다 뿌린 겨울 바닥에
파닥거리는 꽁꽁 언 미라가 된 언어를
(누군가는 주워 동태탕이라도 끓여 먹고
속이 시처럼 풀어지길 바라고…)

가시는 꾸역꾸역 삼키지 않아도 된다

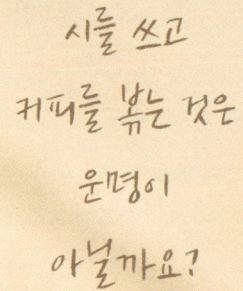

시를 쓰고
커피를 볶는 것은
운명이
아닐까요?

커피는 밥을 짓는 것과 같아요

아무런 정보 없이 로스팅된 원두를
내게 테스트해 달라고 보내 왔다. 이럴 때는 난감하다.

보편적 객관화의 부재를 메꾸기 위해
내가 체득한 경험을 바탕으로
주관을 개입시켜 추론을 해야 하는 역설이 발생한다.

모든 일이 그렇지만
커피도 쉽지 않다. 쉽게 보면 낭패를 겪곤 한다.

로스팅이나 커피 추출은 변수를 통제하기 위해
객관과 주관이 혼재된 예측되지 않는 미학이기도 하다.

사실 나도 고백하자면
용수리에 카페를 열고 처음 로스팅을 시작할 때에는
많은 오류와 실수투성이인 것을 깨닫지 못하고
기준도 없이 내가 아는 지식만 정답인 양
마구잡이로 커피를 볶아 대던 때가 있었다.

그 당시 국제 감별사인 큐그레이더로 기억되는 분의
전화 한 통을 받았다.
내 카페에서
지금 돌이켜보면 덜 볶여 발현된
에티오피아 모모라 내추럴이라는 원두를 사 가셨는데,

커피 로스팅이 잘못되었다고 전화를 주시면서
지금의 나의 로스팅 기준이 되는 말을 해 주셨다.

"커피는 밥을 짓는 것과 같아요."

그 한마디가 나의 커피 로스팅 기준이 바뀌는 순간이었다.

그 이후로 생두부터 원두까지 씹어 대는 통에
치아가 7개나 깨져 나갔고 감별을 위해
한 달간 물만 마셨다.
열역학, 지리학, 분자학, 화학 등등
커피와 연결시킬 수 있는 것은 모조리 훑어봤던 것 같다.

하지만 복잡하게 그럴수록 나의 로스팅에 발생하던
수많은 변수가 단순화되고 커피 볶는 일이 단순화되었다.
오래전 짧은 전화 한 통이었지만
로스팅을 할 때마다 그분에게 감사함을 느낀다.

커피를 볶는 최선을 찾아 노력하고
변수를 줄이는 것뿐 커피에 정답은 없다.
각각의 해답을 찾아
기준을 세우면 명확해지고 변수는 단순해진다.
로스팅이 단순해진다.
지금도 난 커피를 단순하게 볶으려 한다.

생두 특성에 맞는 적절한 밥을 찾아 커피를 볶는다.

내가 볶은 커피가
누군가에 향기로 기억되길 바라면서 말이다.

커피 공장을 옮기면서

갑자기 로스팅 공장을 옮겨 달라는 연락을 받았다.

가뜩이나 코로나19로 힘겹게 버티고 있는 나로서는
한번 옮기려면 기계 이전이나 가스, 덕트 설치 등
만만치 않은 비용이 들어가기에 난감했다.

며칠을 고민하다가 용수리 카페 반을 잘라서 칸막이를 치고
로스팅 공장을 만들기로 했다.

인테리어를 하시는 젊은 장로님이 사정을 알고 자잿값만 대면
칸막이와 마감 공사를 해 주신다고 하셨다.
기술이 좋으신 목사님은 덕트를 책임져 주신다고 하셨다.

그동안 다른 곳에 있던 로스팅 공장을
용수리 카페 반을 잘라서 만들지만
오히려 잘된 것 같다.

이리저리 떠도는 유랑을 멈추라는 하나님의 뜻 같다.

때마침 허공에 균열을 건너는 강처럼
후드득 후드득 중력을 쫓아온 비가 세차게 내린다.

원형의 무게에 눌려
창가에 필사적으로 탁탁거리는 비의 비명이
새벽 교회 첨탑에 꺼지지 않는 십자가가
잠자는 믿음을 깨우는 불빛처럼 아프다.

별의 탄생과 커피

커피는 검은 우주이다

입안 공간에 압축된 중력이 붕괴시킨
별과 별 사이에 탄생한 신생 별이
뇌의 편도(扁桃)를 휘젓는 속도로
동공에 박힌다

우주 끄트머리까지 치솟는 질량이
기억의 압력을 팽창시켜 이내 망각의 간섭(干涉),
오래된 LP판이 치- 지직 튀는
먼 기억의 감각들을 끄집어내 재배열한다

미지의 행성 어디쯤 가 있을
천연색 꽃밭에 내던져 버린 난,

그놈의 시커먼 속내가 훤히 내보이지만
말끔히 잔을 비워 내도 회귀하지 못하고
불명의 우주 어디엔가 별처럼 떠 있다

진심을 볶는 커피

비가 내리는 오후,

낯선 차가 급하게 주차를 하고는
카페 문을 열고 들어오신 손님이
에스프레소 4잔을 테이크 아웃으로 주문한다.

사실 동시에 에스프레소 4잔은 드문 주문이다.
"더블 에스프레소로 추출할까요?
아니면 리스트레또로 내려 드릴까요?" 물어봤다.

더블 에스프레소로 해 달라고 하신다.

분쇄를 하고 바텀리스로 추출을 하는 중에
습관처럼 난 주저리 '별이 되어라'의
베이스는 코스타리카 따라주에 뭐뭐가 섞인
블렌딩의 내용과 로스팅 모티브, 배전도를 설명해 드린다.

작은 카페를 운영하다 보니
하이엔드 머신을 놓을 형편이 안 돼서

저가형 머신으로 추출하다 보니
내가 원하는 최상의 플레이버에는 조금은 미흡하다고 양해를 구했다.

손님이 미소를 지으며
"여기 커피를 마시고부터는 다른 곳에서 못 마셔요.
여기 커피가 제 마음의 커피입니다."라고 내게 그런다.

내가 잘 모르는 손님인데
아마도 내가 자리를 비웠을 때 자주 오셨나 보다.

커피를 볶고 내리면서
지치고 힘들다가도 손님의 말 한마디에
일을 하기 잘했다는 기쁨을 얻기도 한다.

지금은 크고 작은 카페에 납품도 하고 있지만
시골 변두리에서 12평 작은 카페를 운영하면서

내가 배우고 있는 것은
환경, 위치, 규모보다 손님을 대하는 마음에
간절한 '진심'을 담아낸다면
손님 또한 알아주고, 인정을 받는다는 것이다.

지금 내리는 비의 소리처럼….

로스팅은 마음을 볶는 것 같습니다

업체에서 새로운 블렌딩 의뢰가 들어온다.

미지의 한 점부터 탐험하고 찾아내
새로운 커피를 만들어야 하는
창조의 순간은 언제나 위태롭지만 행복하다.

커피를 볶다가
미세한 열을 조정하지 못하고 한눈을 파는 순간에는
로스터기 드럼 안에서
출산을 기다리는 빼곡한 생두들이

자칫 세포가 터지는 팽창의 순간을 놓쳐
초신성이 탄생하지 못하는
아찔한 별의 사산을 경험하든가

드럼을 둘러싸고 있는 급격한 가스 팽창에
연소된 생명이 우주 공간
미지로 빠져나가는 백색 왜성이나 빛을 잃어버린 흑색 성운의
최후를 목도할 수 있기에,

시간과 공간이 시공간으로 회귀하는
물질과 에너지가 하나인 태고의 별을 탄생시키는
$E=mc^2$, 핵융합처럼

열에 달궈진 드럼 안에서
커피로 태어나길 갈망하는 생두에
나의 감정을 제곱하는 간절한 나의 언어와
결합을 시도하는 길뿐이 없는 것 같다.

시를 쓰듯 커피를 볶으면 좋겠다.
나를 쓰듯이 마음을 볶으면 좋겠다.
내가 볶은 커피 한 잔에
글이 아닌 시를 쓰듯 마음을 담아
향기를 건네 주면 좋겠다.

커피는 색이다

커피는 색이다

내 안에 존재한
생명의 나약함이나 무기력함이 아닌
생존의 단호함과 집념을 밖으로 토해 낸
치열한 색이다

먼 전생의 나무이었던 것이, 꽃이었던 것이,
열매이었던 것이
회귀한 생존이 응고된 본능이다

단단한 껍질 안쪽에 침윤한
바람과 비를 태우는 화형에 그을린
내 생에 하나의 단어로 다시 태어나

너의 체액을 은유하는 빨강이나 파랑으로 피다가도
때로는 바람과 비로 환생해
천천히 너에게 식어 가는 살아있는 색이다

2부

이곳 카페에
손님이 많은 이유는
아나고?

두 번 망한 카페 세 번째 주인

장사 경험도 없는 내가 두 번이나 망한 카페를
그것도 읍내 변두리에 있는 카페 인수를 결정하고 상황을 보니
시작부터 난관에 부닥쳤다.

가장 중요한 커피를 추출하는 머신부터가 문제였다.
신형도 아니고 구형, 동네 작은 카페 창업자를 위한 커피 머신의
상태는 역시 관리 엉망에 청소도 없이 사용되었던 것 같다.

소모품인 샤워스크린, 개스킷까지 터진 상태에서
정수기 필터도 교체 없이 사용되었던 탓에
보일러는 이미 석회로 엉망일 것 같다.

수천만 원짜리인 커피 머신을 쓰고 싶은 마음이 굴뚝같았지만
카페 인수비용을 다 합쳐도 모자랄 것이기에 고민을 하다가,
카페에 남겨 놓고 간 머신이라도 있는 것에 하나님께 감사하면서

커피 머신의 나사 하나하나 다 풀어 보일러까지 세척하고
문제 있는 부분을 교체하는 오버홀 의뢰를 선택하고는
수리 업체에 연락을 했다.

중고 가격이 200만 원도 채 안 되는 머신에 오버홀을 하는
견적이 80만 원, 부가세 별도, 수리에만 일주일이 걸린다고 한다.
그래도 이놈을 수리해서 버텨 보려 한다.

정수필터도 천차만별이지만
커피에 최적인 비싼 정수필터로 교체해 버렸다.
저가형 머신이지만 풍부한 추출을 하기 위해
포터 필터는 스피릿이 없는 바텀 리스로 교체하고
시계를 들고 시간을 재어 가며 수동으로 추출했다.
낡은 머신을 재활용해도 고가 머신의 효과와
최적의 플레이버를 구현할 수는 있다.
하지만, 커피에 대한 이해와 노력, 많은 수고로움이 필요하다.
그렇게 무모하게 두 번 망한 카페의 세 번째 주인이 되어
손님도 없는 마을 카페에서 커피로 도전장을 내밀었다.

카페를 오픈하는 첫날 「빌립보서」의 구절을 읽으며
하나님께 간절한 기도를 드렸다.

"아무것도 염려하지 말고
오직 모든 일에 기도와 간구로,
너희 구할 것을
감사함으로 하나님께 아뢰라.
그리하면 모든 지각에 뛰어난 하나님의 평강이

그리스도 예수 안에서
너희 마음과 생각을 지키시리라.

아멘."

가시 많은 말에도 향기가 있다

카페를 오픈하고 얼마 지나지 않은 일요일 늦은 저녁,
'시인이볶는커피'라는 간판을 보고 들어왔는지
술이 진탕 취하신 분이 카페 문을 벌컥 열고 들어와서는

"네가 시인이냐,
우리 같은 수준 낮은 사람은 이런 커피는 못 마신다." 하면서
커피를 볶는 로스팅실까지 들어와 시비를 건다.

커피를 볶을 때는 예민해진다.
순간 열량을 주는 구간이나 시간을 놓치게 되면
로스팅기 드럼 안에 있는 원두는 버려야 한다.

손님이 "얼음물 좀 가져와라." 하길래
잔뜩 분주해진 나는 물을 가져다 드리며
"진정하시고 쉬었다 가세요." 하면서
로스팅실로 들어가 서둘러 로스팅을 했다.

손님은 무엇이 성에 안 차는지
자꾸만 계속 로스팅실 문을 열고 한 발을 들이밀고 농을 하신다.

난 꾹 참고, 로스팅을 마무리하고
따뜻한 커피 한 잔 내려 주면서
"자, 이제부터 선생님 말씀을 듣겠습니다." 하면서
그분의 이야기를 들었다.
나보다 다섯 살이 많은 분이고
용수리 주변 공장에서 용접을 하신다고 한다.

어떠한 사정인지 모르겠지만 그 손님은
형제와 관계가 틀어진 죄책감과
아흔이 다 되신 어머니를 찾아가지 못하는 죄스러움이
가슴에 가득한 응어리로 남아
많이 배워 보이고 잘나 보이는
사람들에게는 상대적으로 반감을 가지게 되었다고 한다.

한참을 듣다가 내 이야기를 해 드렸다.

"그러셨구나. 저도 그랬어요." 하면서
사업에 실패하고
세 번이나 삶을 포기하려고 했었고
결국에 심장이 멈추었다가 다시 살아나
이제야 이곳 초월읍 용수리에서 별을 보면서 이쁘게 살고 싶어
조그마한 카페를 하고 있다고 했다.
그분 눈이 글썽이다가 눈물 한 방울이 떨어진다.

그런 손님의 모습을 보다가
나와 약속 하나만 지켜 주면 앞으로
뵐 때마다 형님이라고 부르겠다고 했다.

나도 죽었다 다시 살아나 보니
자존심이고 뭐고 세상 별거 없었다고 했다.
눈 딱 감고 용기를 내서 어머니를 보러 가시라고 했다.
나도 부끄러워 몇 년간 차마 뵙지 못하다가
이곳에 카페를 열고 얼마 전에야
고관절 수술로 병원에 입원하신 어머니를 찾아가
안아 드렸다고 했다.

손님이 한참 멍한 눈으로 천장을 보시더니
노력해 보겠다고 하시면서,
일어나 주머니에서 주섬주섬 돈을 꺼내시더니
앞치마 주머니에 한뭉큼 넣어 주시고 황급히 나가신다.

도로 가져가시라고 하니깐
손사래를 치면서 커피값이라고 하시면서
술에 취해 비틀거리는 걸음으로 어둠 안 그림자처럼 사라지셨다.

커피 한 잔에 3,000원,
내 앞치마에 뭉텅이로 넣어준 커피값 6만 2,000원.

그 돈은 내게 무슨 의미였을까?
난 무엇을 팔고 있었던 것일까?

그날 밤 하늘에 조금은 밝아진 별이 떠 있었다.

너의 상처를 알아본다는 것은
내 손끝에 박힌
아픈 가시를 타고 넘어가 너를 보는 것이다.
너의 향기를 맡는 것이다.
가시 많은 상처도
찬찬히 살펴보면 상처를 감춘 향기가 있다.

문

사람과 사람 사이에는 커다란 벽(壁)이 있다

그 벽에는
작은 문(門)이 하나 있다

그 문은
양쪽에 손잡이가 있어
쉽게 열 수가 있지만

몸이 무거워서 마음이 무거워서
서로 눈치만 보면서 굳게 닫힌 채로
먼저 열어주기 기다리는 문이 있다

내가 먼저 손 내밀어 열면
간단히 열리는 문이지만

내게 좀처럼 열리지 않는
그런 작은 문이 하나 있다

사람과 사람 사이에는 그런 문이 하나 있다

손님에게 절대 커피 팔지 마세요

저녁 마감 즈음에 푸드트럭을 가지고
커피를 파시는 분이 찾아온 적이 있다.

장사를 하면서 손님들로부터 맛에 대한 불만과 클레임이 많아,
주변에서 소문을 듣고 내가 만드는
아메리카용 원두를 써 보고 싶어서 왔다고 한다.

그분과 커피에 대해 이것저것 몇 가지 물어보니,
머신, 그라인더 청소를 전혀 안 하고
물은 약수터에서 길어다 쓴다고 한다.

원두는 인터넷으로 최저가를 검색해서
아메리카라고 판매하는 원두를 대량으로 구매해서 쓴다고 한다.

난 솔직히 말했다.

"지금 원두를 바꾼다고 해결될 문제가 아닙니다.
대표님은 손님에게 커피를 팔지 마세요.
커피를 절대 팔면 안 되는 분이십니다.

지금 푸드트럭에 설치된 머신은 곰팡이에, 석회에,
노즐, 배관, 보일러 다 망가져 있을 거고,
그라인더 날은 커피 오일로 덕지덕지 오염되어 있을 것입니다.

더욱이 물은 약수터 물은 절대 안 됩니다.
커피 물은 경수 연수를 다 거친 깨끗한 무색무취여야 합니다.

커피는 우유보다 변질이 빠릅니다.
대량 구매하신 원두는 산패되어
발암물질이 생성되어 있을 가능성이 큽니다.

커피는 숨을 쉬는 유기체입니다. 생명입니다.

손님에게 커피를 팔지 마세요.
절대 팔아선 안 됩니다.
정 그래도 커피를 팔고 싶다면

돌아가셔서 우선 딱 세 가지만 시키는 대로 하세요.
머신은 비용이 들더라도 전문 업체에 맡겨 오버홀하시고
매일 샤워스크린까지 풀어서 청소하세요.

그라인더는 2~ 3주에 한 번씩 분해해서 날까지 싹 청소하세요.
물은 푸드트럭 특성상 정수 시스템을 갖추기 힘드니까

생수라도 사다가 쓰세요.
그리고 오래된 원두는 다 버리시고
날짜 보고 숙성 기간을 체크해서 팔 수 있는 양만
인터넷에서 구매하셔서 맛과 향을 테스트하세요.

아무리 좋은 원두도 지금의 상태에서 추출하면
별반 차이 없는 쓰레기가 됩니다.

기본적인 청소부터 하시는 노력을 해 보세요.
우선 돌아가셔서 그것부터 해결하고 오신다면
제 원두를 쓸지 말지는 그때 결정하겠습니다."라고 단호하게 말했다.

당연히 그분은 내 이런 말에 기분이 상해서 냉랭히 가셨다.

커피를 팔면서 최소한의 예의가 있다.
위생이다. 원두는 신선해야 한다. 품질이나 맛은 그 다음이다.

커피는 사람이 마시는 것이다.
커피는 건강해야 한다.

2부 / 이곳 카페에 손님이 많은 이유를 아나고?

내 얼굴은 나에게 하는 고백이다

무대 위 배우는 가면을 쓰고 연기를 하고
관객은 가면을 벗고 연기를 본다.

무대 위의 배우는 자신이 맡은 배역에 따라
비극이나 희극을 연기하고 무대 밖의 관객은
배우의 연기에 따라 감정이입이 되어 울거나 웃곤 한다.

연극이 끝나면 배우는 가면을 벗지만
관객은 자신만의 각양각색 가면을 다시 쓰고
연극이 끝난 공연장을 빠져나온다.

우리는 이것을 가면, 페르소나(Persona)라고 부른다.

나도 카페를 운영하면서 수많은 가면을 쓰곤 한다.
배우가 몰입하기 위해 쓴 가면처럼
현실이라는 생존이라는 무대 위에서 가면을 쓰고
선글라스를 쓰고 손님에게 나의 연기를 보여 준다.

내 연기에 감정 이입되기를 바라면서,

"어때, 나 이런 사람이야."
"나 좀 바라봐, 나 당신들에게 특별한 사람이야."
"제발 내 연기 좀 봐달라고."

너그러운 척하거나 근엄하거나 엄격한 척 또는 특별한 사람인 양 연기하거나 생떼를 부리는 연기도 곧잘 한다.

내가 쓰고 있는 가면의 종류나 수를 모를 정도로
현실에서 가면은 버라이어티하게 많지만
나의 맨얼굴이 무엇인지는 잊어버리고
가면을 벗고 민낯을 드러내길 두려워할 때가 있다.
나의 맨얼굴은 뭐였더라?

최소한 사랑하는 존재나 친구라고 부르는 존재에게
부끄럽더라도 가면을 벗고 내 얼굴을 되찾아 보여 줘야 한다.

"내 얼굴은 나에게 하는 고백이다."

안부

12월이 끝나가는 날
카페에 무거운 택배를 가져온 청년에게
따뜻한 커피 한 잔을 내주고
텅 빈 거리를 내다본다.

우리가 잃어버린 것들과
잃어버릴 수 없는 것들의 경계에는
미처 녹지 못하고 얼어붙은
아직도 표현하지 못한 많은 것들이
남아 있다는 것을 잊고 있었다.

미처 전하지 못한 올해에게 안부를 전한다.

"잘 지내고 있나요?
저도 잘 견디고 있어요.
할 말은 많지만
작별이군요."

사람을 남기는 장사

일 년에 하루 휴가인
어제 단골손님이 많이 다녀가셨나 보다.
카페에 헛걸음을 하신 손님들이 하나같이 잘했다고
오히려 박수를 쳐 준다.

손님들에게도
365일 쉬지 않는 모습이 안쓰러웠나 보다.
읍내 변두리 마을에 카페를 하면서 손님이 가족이 되어 가는 것 같다.

꽃이나 나무처럼, 피가 섞이지 않아도
생명이 태어나고 진화된 가족이 탄생한다.

거창한 지구 보호나 우주 평화가 아니라
내 주위에 찾아온 모든 살아있는 것들에게
편견이나 미움이 아닌 포용과 사랑으로
꽃을 가꾸고 나무를 심고
서로가 꽃이 되고 나무가 되는 가족이 되면 된다.

처음 장사를 해 보지만
이 곳에서 배운 것이 몇 가지 있다.

남들보다 먼저 문을 열고
남들보다 늦게 문을 닫으면
망할 일은 없는 것이 장사 같다.

그리고 장사는
이문을 남기는 것보다
사람을 남겨야 한다는 것.

휴가를 다녀와 카페 테라스 의자에 앉아 있는
내게로 바람이 분다.

어쩔 수 없는 장사의 숙명이라지만
다양한 손님을 상대하는 장사를 하다 보면
순간순간 예기치 못한 언어나 행동에
상처를 받거나 감정이 상하기도 한다.

그런 일이 있는 때는
마음에 담아 두고 있으면 화가 되고 병이 되기도 한다.

그럴 때는 그까이것 하면서
나 편하자고 이기적으로 풀어 버리면 된다.

그까이것

하루가 배배 꼬여
안 풀릴 때 그런 때가 있다

그럴 때는 "그까이것 하루"라고 외치면 된다

어떤 사람이 미워서
정말 보기 싫어질 때가 있다

그럴 때는 "그까이것 미움"이라고 털어내면 된다

누군가 마음을 몰라 줘
몹시 섭섭할 때가 있다

그럴 때면 "그까이것 마음"이라고 비우면 된다

누군가 인연이 틀어져
많이 속상할 때가 있다

그럴 때면 "그까이것 인연"이라고 보내면 된다

하루가 힘들고 고달파서
세상 살기가 싫어질 때가 있다

그럴 때면 "그까이것 세상"이라고 견디면 된다

만남과 이별이 더 이상 슬프지 않게
"그까이것 사랑, 그까이것 인생" 하면서 웃어 주면 된다

말에는 향기가 있다

많은 사람을 상대해야 하는 카페를 운영하다 보면
나의 의사나 감정이 무시된
안 들었으면 좋았을 말을 건네 듣고 마음이 아프거나
상하는 경우가 종종 있다.

말은 무엇보다 예리해서 잘 베이고 상처가 난다.

나만의 생각과 마음을 여과 없이 일방적으로 내뱉는다면
건네받은 사람이 눈살을 찌푸리거나 상처가 되기도 한다.

말에는 귀와 눈과 입을 가진 얼굴과 발이 달려 있어
세상 곳곳을 휘젓고 다니다가도
말의 시작점인 자신에게 돌아가는 관성이 있다.

함부로 뱉은 말은 결국은 자신에게 되돌아와
자신의 얼굴을 못나게 하고 베여 다치게도 한다.

말에는 향기가 있다.
말에는 나의 체취가 고스란히 담겨 있기 때문이다.

우리가 쓰는 말은 서로 다르기에 여과를 해서
좋은 향기로 걸러 줘야 하는 이유이다.

내 마음의 체취에서 나온 말은 배려라는 여과를 해야
좋은 향기가 나는 언어가 되는 것 같다.

말은 도둑질을 잘해야 한다.
좋은 말은 상대의 마음을 훔치고 그 빈자리에 좋은 생각과
온유한 향기가 채워지기 때문이다.

말은 나를 담는 그릇이다.
말로는 나의 전부를 표현할 수 없기에
말이라는 그릇에
정성껏 나를 담아 너에게 건네는 것이다.

"사람이 사람을 함부로 하지 않았으면 좋겠다.
말이라는 그릇에
한가득 꽃을 담아 너에게 보낸다."

〈꽃〉 김숙진 작, 수채화

말 한마디가 그리울 때가 있다

말 한마디가 그리울 때가 있다
많은 언어가 아닌 작은 단어 하나에라도
감정이 선명히 들리는
말 한마디가 그리울 때가 있다

해 질 녘 하늘 끝자락을 붙들고 있는
차랑차랑한 별빛처럼
마음 한편에 희미하게 반짝이는
말 한마디가 그리울 때가 있다

어둠이 가로막은 길이 보이지 않아
먹먹한 몸짓일지라도
허공에 흩어지는 가벼운 언어일지라도

때로는 꽁꽁 언 시린 손을 붙잡고 호호거리며
덜컹거리는 기차를 타고 바다에 가기도 하고

화창한 봄날을 따라
꽃길을 무작정 걸을 수 있는
말 한마디가 그리울 때가 있다

사람이 그리워서 모른 척
가벼운 언어로 툭툭 치는
말 한마디가 그리울 때가 있다

세상이 시끄러운 것은

코로나19가 세상을 많이 바꾼 것 같다.

하루에도 몇 번씩 카페 안에든 밖이든
날카로운 언어가 마스크를 뚫고 나오는 모습을 본다.

세상이 시끄러운 것은 나의 말만 하기 때문이야.

"감사합니다."
"고맙습니다."
"사랑합니다." 같은 너의 말을 한다면
세상은 덜 시끄러울 거야.

세상에서 가장 어려운 세 가지 일은
증오를 사랑으로 갚는 것,
버려진 자를 받아들이는 것,
자기 잘못을 시인하는 것이라 한다.

이런 것은,
나의 마음에서 상대를 찾는 것이 아니라

상대의 마음에서 나를 찾아내는 것이다.

아침 묵상 중에 하나님께 기도를 올린다.

"감사합니다. 고맙습니다. 사랑합니다.
온전한 나의 주 하나님."

언어가 가진 배려

이른 아침 카페에 가는 도중에 접촉 사고가 났다.

교차로 다리에서 급하게 건너오는 차를 보고는
놀라서 브레이크를 밟았지만
내 운전자 쪽 앞 범퍼와 상대방 운전자 쪽 앞 범퍼가
그만 충돌하고 말았다.

놀란 가슴을 쓸어내리고 차에 내리면서
"어디 다친 데 없으세요?"부터 물어봤다.

어차피 과실률은 블랙박스를 보고
보험사 직원들이 정할 문제이지 운전자끼리 옥신각신할 이유는 없다.

각자 부른 보험회사 직원이 오는 동안
주변 편의점에서 사 가지고 온 캔커피를 나누며 이런저런 이야기를 했다.

좁은 지역 사회이다 보니 한두 명 거치니까
서로가 다 아는 사람들이다.
웃으며 통성명을 하고 명함을 주고받았다.

내가 그랬다.
"안 좋은 일로 인연이 되었는데
앞으로 좋은 인연이 되었으면 좋겠습니다.
그리고 서로가 다치지 않고
피해가 적어서 감사합니다."

"그래요. 앞으로 좋은 인연이 되었으면 좋겠습니다."라고
그분도 웃으며 내게 그런다.

언어가 가진 배려는
사고가 난 자리에도
서로가 다치지 않은 것에 감사하고
인연이라는 꽃을 피울 수 있는
작은 기적을 만들기도 한다.

언어는 나와 연결되는
존재의 부재에게 보내는 기호의 강약이다.
날카로움과 차가움으로
감정을 다치게도 하지만
너와 나의 경계 어디쯤에 풀어져 있을
감정을 따스하게 어루만지면서
꽃을 피우기도 한다.

밥은 먹었니?

카페를 운영하면서 부부는 투닥거림이 잦다.

그 사람이 무던히도 힘든 것도 모르고
모른 척 나 혼자만 착한 척 살려고 한 것 같다.
난 참 바보였고 이기적이었다.

다시는 서로 안 볼 것처럼 싸우고 나서
한참 동안 침묵의 장벽을 쌓고 냉전 중인
그녀에게서 짤막한 카톡 하나가 온다.

"밥은 먹었니?"

이 한마디에 내가 싸움의 기술로 쌓아올린
마음에 장벽이 무너진다.

사실 난 가끔 그녀에게 "밥은 먹었니?"라고 할 때가 있다.

그런 나의 물음에 그녀는 곧잘 짜증을 내면서

"내가 알아서 챙겨 먹는다, 밥도 못 먹고 일한다."라고
구시렁에 타박을 주기 일쑤였지만
사실 그녀의 밥은 내게 그다지 중요하진 않았다.
내가 그녀에게
"밥은 먹었니?"라고 말하는 건

매일 보는 너지만
"지금 네가 보고 싶다."라는 의미였다.

밥은 둘이 헤어질 듯 싸우고
눈물이 나게 서글퍼도
함께 살아가기 위한 생존을 위해
반드시 먹어야 하는 것이다.

지금 나는 그녀에게 답장을 보낸다.

"너는 밥은 먹었니?"
한 마디 상투적 언어 안에 꾹꾹 눌러
"너와 지랄같이 싸워도
그래도 네가 보고 싶다."라고,

밥에 수북이 꽃을 담아 보낸다.

이곳 카페에 손님이 많은 이유를 아냐고?

손님이 눈 녹듯이 빠져나가고
혼자 남은 겨울 주말 저녁은 적막의 시간이다.

주말에는 읍내 특성상 저녁 손님이 거진 없다.

그렇다고 이른 마감을 할 수는 없다.
손님과의 약속 이전에
나와 나의 약속이기에.

오후에 다녀간 손님 한 분의 이야기가 잔상처럼 남는다.

"이곳 카페에 손님이 많은 이유를 아냐고?"

이곳에는 존이 있기 때문이라고,
여기서 존이 잘돼도
이곳을 떠나지 않았으면 좋겠다고
오래오래 머물렀으면 좋겠다고.

난 읍내 이 작은 카페에서
무엇을 팔고 있는 것일까?

로스팅 중에 펑펑 눈이 내린다.
눈이 쌓인 허공을 올려다보며
처음에 내리는 눈이 시작된 소실점을 찾아보지만
무슨 소용이 있을까 싶어
바람에 날리는 눈을 본다.

3부

지금 행복하세요?

행복은
조급해 하던 자신을 용서해 가면서
지나간 아픔과 상처를 놓아주는 것이다.
남겨진 시간을 찾아가는 것이다.

행복은
밖에서 찾는 것이 아니라
행복이 나를 찾아올 작은 이유라도
만들어 내가 초대하는 것이다.

내가 초대한 행복이
문을 두드리며 나를 방문할 때에
감사히 환대할 수 있는
준비를 하는 그 한 가지 법칙뿐이 없다.

희한한 하루

8월 중순 그날은 종일 비가 내리는 하루였다.

작은 커피숍 입구 앞에 아무 말 없이
문상객을 태우고 온 큰 리무진 영구차 버스가
카페 출입구까지 통째로 막고는 두 시간여를 서 있었다.

손님이 아니더라도 카페 앞 주차에 대해 한 번도
불평을 하거나 빼달라고 한 적은 없었지만,
손님이 몰릴 점심시간을 넘어서까지
출입구까지 막아선 모양새는 좀 난감했다.

손님이 찾아올 가장 바쁜 점심시간이지만
영구차 버스라 선뜻 나가서 차를 빼 달라고 하기가 어려웠다.

그래도 죽어서도 나를 찾아온 손님이니까.
살아있는 것들은 죽으면 모두 별이 되니까.

알지 못하는 누군가 하늘로 먼 길을 가는 중에
잠시 비라도 피하고 가려다 보니

버스를 주차할 곳이 없었나 보다 하면서

누군지도 모를 이를 위해 잠시 비를 피해 쉬어 가라고
모른 척 속으로 기도를 해 드렸다.

그러고 한 시간여가 지난 다음 카페 앞을 가로막았던 영구차가
우르르 문상객을 태우고는 고맙다거나 미안하다는 말조차 없이
떠났다.

정말 희한한 일은 버스가 떠난 후,
종일 비가 내리면 카페는 매상이 뚝 떨어지기 마련인데
그 영구차와 전혀 상관없는 손님들이 카페에 몰려왔다.

손님들이 드립백을 아름아름 사 가고 원두를 사 가는 등,
커피 주문이 폭주하더니
몇 시간 만에 하루 평균 매출이 그냥 나왔다.

드립백 다섯 박스를 사 가시는 어느 할머니는
무릎 수술을 해서 다리가 아팠는데
여기 커피를 마실 때는 통증이 없다고 환하게 웃으신다.

그 말이 정말 감사해서
서비스로 한 박스를 더 내드렸더니 소녀처럼 행복해 하신다.

커피숍 앞에 쉬고 갔던 영구차가 자꾸만 생각났다.

이름 모를 누군가가
지상을 떠나 별로 가다가 카페를 방문한,
종일 비가 내리는 희한한 하루였다.

어쩌면 우린

어쩌면 우린
뜨겁게 피다 지는 붉은 꽃인지 모른다
타오르다 시련에 스러진다 해도
한 번은 뜨겁게 붉어지는 꽃인지 모른다

지면을 떠나 허공을 감싸쥐고
올라가는 붉은 별인지 모른다

살아있는 모든 것은 죽으면
하늘에 별이 된다 꽃이 된다

우리가 행복한 이유

오늘은 카페를 방문하시는 여성 손님들이 행복해하신다.

오랜만에 카페에 오시는 여성 손님이
파견직으로 공장에서 일하다가 정직원이 되었다고
존 커피숍에 먼저 알려 주러 왔다고 하면서
축하해 달라고 마냥 웃으며 좋아하신다.

그리고 화장품 판촉 일을 하시는 단골손님에게 전화가 왔다.
구매를 안 해도 인증만 해 주면 회사에서 건당 만 원씩 나온다고
내게 며칠 전 부탁한 전화 마케팅 인증을 해 드렸더니,
처음이라 많이 서툴지만 해맑은 목소리로 "나도 잘 할 수 있다" 하시면서
"낼 모레 커피 마시러 들를게요." 한다.

손님의 전화를 끊고 나서
"우리에게 행복이 무엇일까?" 나에게 질문해 본다.
나는 지금 얼마나 행복할까?

한 50%쯤…
나머지 50%는 왜 행복하지 않을까?

그럼, 지금 50% 정도 행복한 이유는 무엇일까?
???

언제부터인가 우리는 돈, 사랑, 명예, 기타 잡동사니들이 부족하면
행복하지 않다고 여기며, 그 부족한 부분을 수치로 나누며
기준을 세우고 이유를 대 가며, 타인과 비교하고 평가하고는
그것을 행복의 잣대로 삼는다.

나에게 진정 묻고 싶었다.

아무런 조건이나 이유 없이
나는 그냥 행복한 적은 있었을까?
"그냥 행복한 적은…."

많은 돈을 벌거나 좋은 것을 입거나 맛난 것을 먹거나,
원하는 것을 가진다고 행복해지는 것은 아닌 것 같다.
우리가 살아간다는 것은
행복하지 못한 이유를 찾는 것이 아니라
행복한 이유를 조금씩 찾아가는 것 같다.

이쁘게 살아가고 살아있고 살아갈 수 있는
지금이 우리가 행복한 이유가 아닐까?

행복은

행복은 너의 주위에 있다

너의 옆,
너의 아래,
때로는 너의 위에

들풀, 바람, 꽃, 나무 그리고 별처럼
소리, 향기, 시원함, 색,
감정이 바스락거리는 편린(片鱗),
때로는 잡을 수 없는 그리움을 찾아

질량이 중력을 벗어난
유랑하는 것들과 함께

전 지금이 몹시 궁금합니다

마을에서 카페를 운영하다 보면
사이비나 이단으로 알려진 곳에서 방문하는 사람들로 인해
크리스천인 나로서는 난감한 상황이 발생하곤 한다.

간혹 드물긴 하지만, 점쟁이도 와서
나의 팔자나 미래를 알려 준다고 하기도 한다.

그럴 때는 난 오로지 하나님만 의지하고 믿기에
팔자보다는 구원을 믿는다고
정중히 거절하곤 한다.

하나님을 믿으면서도
미래가 몹시도 불확실하고 궁금해하거나 불안해서
사주나 운세, 점쟁이에게 의지하는 사람들도 본다.

이미 겪은 과거는 나 자신이 가장 잘 알고 있어
굳이 그들에게 물어볼 이유는 없다.
그리고 미래는 현재가 모여서 미래가 되기에
지금 현재를 알고 "충분히 충실하면" 되지 않을까 한다.

예전에 길을 가다가
누군가 나에게
"도를 믿으시나요, 미래가 궁금하지 않으세요."라고 물어보기에,

"아니요,
지금 걷는 이 길에서 전 지금이 몹시 궁금합니다."
라고 말해 준 적이 있다.

"우리 사랑은 이렇게 될 거야,
우리 미래는 이렇게 될 거야." 하면서
예정된 사랑을 하고 예정된 미래를 결정해 놓고 산다면
현재를 잃어버리고 사는 불행한 일이 된다.

선명치 않아도 불확실해도
하루하루 사랑해 나간다면
행복한 미래는 만들어진다.

신도 미래는 복잡해서 만들지 않았으니깐 말이다.

몇 년 전 산티아고 순례길 위에서

행복한 맛

추위가 가고 노곤한 해빙기가 오는 오늘
카페를 방문한 손님 한 분이 내게 그런다.

"커피에서 사장님 맛이 나요, 행복한 맛이."

그래서 내가 그랬다.

"내가 행복하지 못한 커피는
손님에게 팔 수 없다."고

봄이 오기 전에 부지런히 꽃을 모아야겠다.

지금 행복하세요?

항암 치료 중이라는 여성 손님이
의사가 디카페인 커피는 마셔도 좋다고 해서
디카페인 드립 한 잔을 주문한다.

약하게 볶은 아로마와 항산화 물질이 풍부한
에티오피아 디카페인 원두를 분쇄해서
정성껏 한 잔을 내려 드렸다.

커피 한 잔을 천천히 마시다가
얼굴에 홍조를 띠면서 행복해하면서
몸을 움직일 수 있으면
여기 와서 커피 한 잔씩 하고 싶다고
말을 툭 건네면서 불쑥 내게 묻는다.
"지금 행복하세요?"

난 커피 한 잔에 행복해하는
그 여성분을 보면서
"행복은 무엇일까?"를 떠올려 보다가

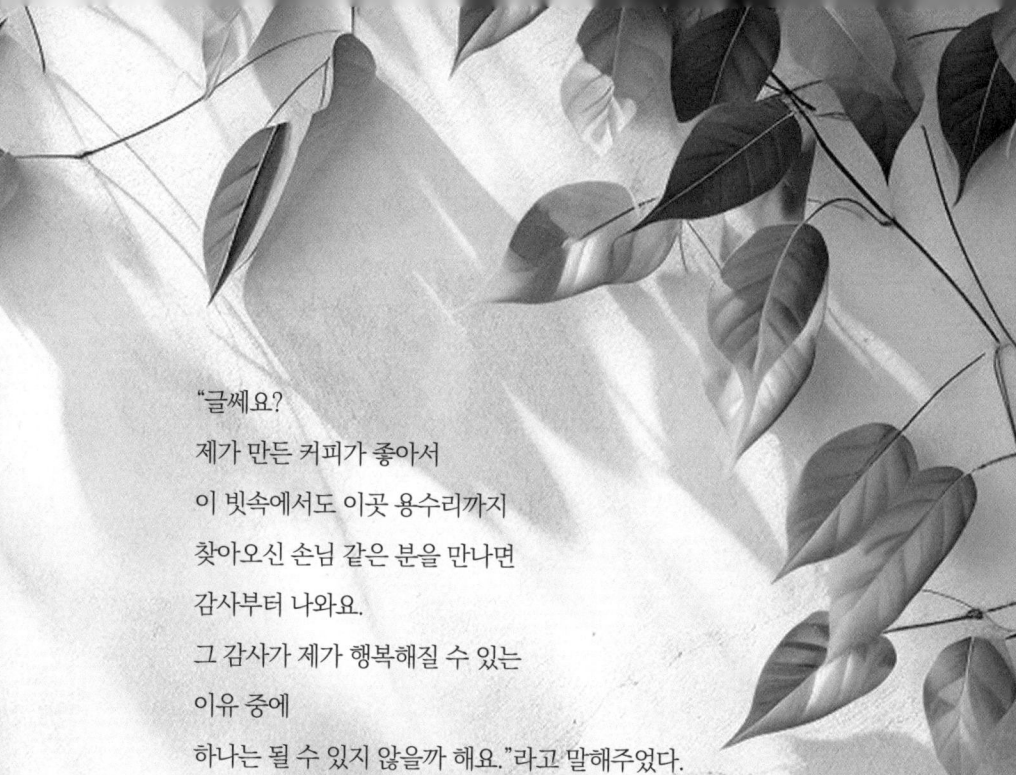

"글쎄요?
제가 만든 커피가 좋아서
이 빗속에서도 이곳 용수리까지
찾아오신 손님 같은 분을 만나면
감사부터 나와요.
그 감사가 제가 행복해질 수 있는
이유 중에
하나는 될 수 있지 않을까 해요."라고 말해주었다.

오늘 내가 볶는 커피가
알지 못하는 누군가에 전해질 때
조금이라도 행복해지길 바라면서

오늘 하루도
내가 행복해질 수 있는
소중한 기회를 주신 하나님께
감사의 기도를 드린다.

생명 하나가 나에게 온다는 것은

"너와 나 사이에 문이 있다면
네 노크가 의미가 있겠지.
예컨대 네가, 안에 있는 경우엔
네가 노크를 하면 내가 너를
밖으로 나오게 할 수 있어"
- 「이상한 나라의 앨리스」 중에서-

첫째 고양이는 도로시였다.
길에서 태어나 마법처럼 혼자 살아남은 아이,
「오즈의 마법사」에 나오는 도로시였다.

용수리 카페 근처 공장 뒤편에서
갓 태어난 고양이 앨리스가 임시 보호를 거쳐
오늘 내게 왔다.

아무것도 보이지 않았던
어두운 길바닥에 버려진
연약한 숨 하나가 가냘픈 미풍처럼
얼굴을 스치고 내게 안겼을 때

난 별이 가득한
이상한 나라에 들어가는 것 같았어.
난 네가 좋아 별처럼, 빛나서 좋아.
너를 만나는 순간
가 보지 못한 별이 가득한 이상한 나라로
나를 안내해 주는 마법이 일어났으니까.

앞으로 너의 이름은 앨리스야.
이상한 별나라에서 나를 찾아온 고양이
앨리스.

둘째 아이 이상한 나라의 앨리스가 나와 가족이 되었다.
앨리스가 꼬물거리면서
열심히 나와 아이 콘택트.

나에게 생존의 노크를 한 앨리스에게
문을 열고 나의 가슴에 안는다.
생명이 생명을 알아본다는 것은
본능 이전에
우리가 살아있다는 자각이다.

생명 하나가 나에게 온다는 것은
지구보다 크고 무거운

얼마나 거대한 일인가.
생명 하나가 나에게 온다는 것은
우주에 빼곡한 별만큼
얼마나 감사한 일인가.

우리는 수평을 찾아 떠도는 별이다

아이같이 순수한 맑은 영혼을 가진
조금은 몸이 불편한 분들이 용수리 존 커피숍에 생활 체험을 오셨다.

"썸머라테 주세요?"

인솔 담당 선생님의 도움을 받으면서
한 분 한 분 음료 주문을 하고 각자의 지역화폐 카드를 내민다.

"네, 카드 받았습니다. 영수증과 카드 받으세요. 감사합니다."

"네, 감사합니다."

다른 사람들과 살아가기 위해 삶의 공존을 익히는 이분들을 위해,
생두를 가지고 발달교육을 위하여 핸드 피킹을 할 수 있도록
세팅을 해드렸다.

"여러분처럼 이쁜 콩은 그대로 두시고
미운 모양의 콩만 고르는 거예요.
골라서 여기 그릇에 담으면 돼요."

"네, 알겠습니다. 미운, 콩. 미운, 콩."
하면서 집중하면서 연신 열심히들 고른다.
그런 와중에 주문을 하러 카페에 들어온 손님 한 분이
이 광경을 보고는 인상을 쓰고 눈살을 찌푸린다.

그런 손님의 모습을 보면서 자신과 조금 다르게 보인다고
아직은 편견과 구별로 나누고 있는
세상의 벽이 단단하고 크게 느껴져 마음이 착잡하고 아파진다.

우리는 다르다.
다르기에 서로가 배려해야 살아갈 수 있는 것이다.

우리는,
서로가 다른 키높이를 가진 수직 한 것들이
살아남기 위한 수평을 찾아 떠도는 별이다.

공존을 찾아 유랑하는 별이다.

내가 사랑하는 것들은 전부 별이 되어라

어쩌면 우리는 하나의 별이었는지 모른다.

은하를 넘어온 생존의 끝자락에서 이탈한
스러진 표류 중인 별 하나가
아직은 살기를 갈망하는 어둠 안에서
두 눈이 반짝이는 순간
야만의 행성에 불시착한 별인지 모른다.

우리는 고체일 수도 있고
때로는 액체나 기체가 되어 검은 경계에 유랑 중인
별끼리 만나자마자 서로를 알아본 것이다.

한 치의 망설임도 없이 안도한 긴 침묵이
서로의 눈에 교차되었을 때
영역이 분리된 경계의 면은 소실된 한 점이 되어
너와 내가 구별 중인
이 행성을 혼동으로 뒤섞어 버렸는지 모른다.

어쩌면 너와 나는 경계가 없는 서로의 눈에서
우리가 이미 돌아갈 궤도를 찾는
한 종족인 것을 알아차렸나 보다.

지난날에 신생 별을 어렴풋이 기억하는
어쩌면 우리는 하나의 별이었는지 모른다.

떠돌다 만난 우리는 별이어라.
내가 사랑하는 것들은 모든 별이어라.
내가 미워하는 것들도 전부 별이 되어라.

〈내가 사랑하는 것은 전부 별이 되어라〉 아크릴 유화

누군가에 화가 난다면

누군가에 화가 난다면
나의 감정 안에 있는 화에게 친절히 물어보라

너의 이름이 무엇인지,
이름이 없다면 친절히 이름을 붙여보라

나의 감정 안에 구속된
증오 원망 시기 비교 갈등 핍박 질투 같은
여러 감정의 이름 중에
화가 난 친구에 이름을 친절히 부르며
나의 감정을 솔직히 말해주고
감정 밖에 자유스레 풀어주면 된다
나의 감정은 악몽에 가장 근면한 친구이지만
나의 화에 친절히 대해주면
나의 기쁨에 가장 좋은 친구이기도 하다
꽃은,
노랗다고 파랗다고
색깔의 농도를 두고 화내지 않는다

축복을 나누어라

몇 년 전 폭우를 뚫고 처음 뵙는 목사님이
읍내 변두리 나의 작은 카페를 찾아오신 적이 있었다.

우연히 나의 이야기를 듣고 무작정 찾아오신 목사님의 첫마디가
한국에 살고 있는 외국인들에게
커피를 가르쳐 줄 수 있느냐고 말씀하셨다.

내 생계를 위한 빠듯한 시간을 쪼개서 할 수 있을까?
살짝 고민이 되었다.

머리로는 "No, 못해요."를 외치는 상황에서
마음에서 나로 모르게 "Yes, 네, 그렇게 할게요."가 나와 버렸다.

목사님이 가시고 나서 기도를 해 본다.

"축복을 나누어라.
나에게 주시는 축복을 누군가에게 흘러 보내라.
축복의 강이 되어 감사의 바다로 흘려 보내라."라는
말씀을 주신다.

캄보디아에서 온 My brother와 sister
15명의 사람들에게 나의 첫 수업 첫 마디가
"I respect you!, 나는 당신들을 존중합니다!"였다.

요즘, 전 세계가 코로나로 인한 인종차별이
코로나19보다 더 무서운 질병이 되어 인류를 황폐화시키고 있다.

색을 뛰어넘어, 인종을 뛰어넘어, 국가를 뛰어넘어,
계급을 뛰어넘어, 빈부를 뛰어넘어,
우리는 편견이라는 절망에서 작은 발걸음을 시작해야 한다.

우리는 서로 나누어야 한다.

절망이 죽음을 향해 달리기 전에
예수님이 주신 사랑을 나누어야 한다.

사랑은 우리가 하나님 아래에서
어울리며 살아갈 수 있도록 하나님이 나누어 주신 선물이기 때문이다.

내게 나눔의 기회를 주신 하나님과 청림 교회 목사님께 감사드린다.

나눈다는 것은

우리는 자주 베푼다는 말을 쉽게 쓰곤 합니다

베푼다는 것은
내가 너보다 낫다는 경제적이나
사회적 또는 계층적 우월감이 무의식적 내포된
수평이 아닌 수직적 차별이나 동정이 될 수도 있습니다

베푼다는 것은
나의 욕구와 욕심을 감춘 이기심이
포장된 비이기심일 수도 있습니다

베푸는 마음보다 나누는 마음이 되었으면 합니다

나눈다는 것은
너와 너의 마음을 주고받아 느끼는
마음이 어울린 소통인 것입니다

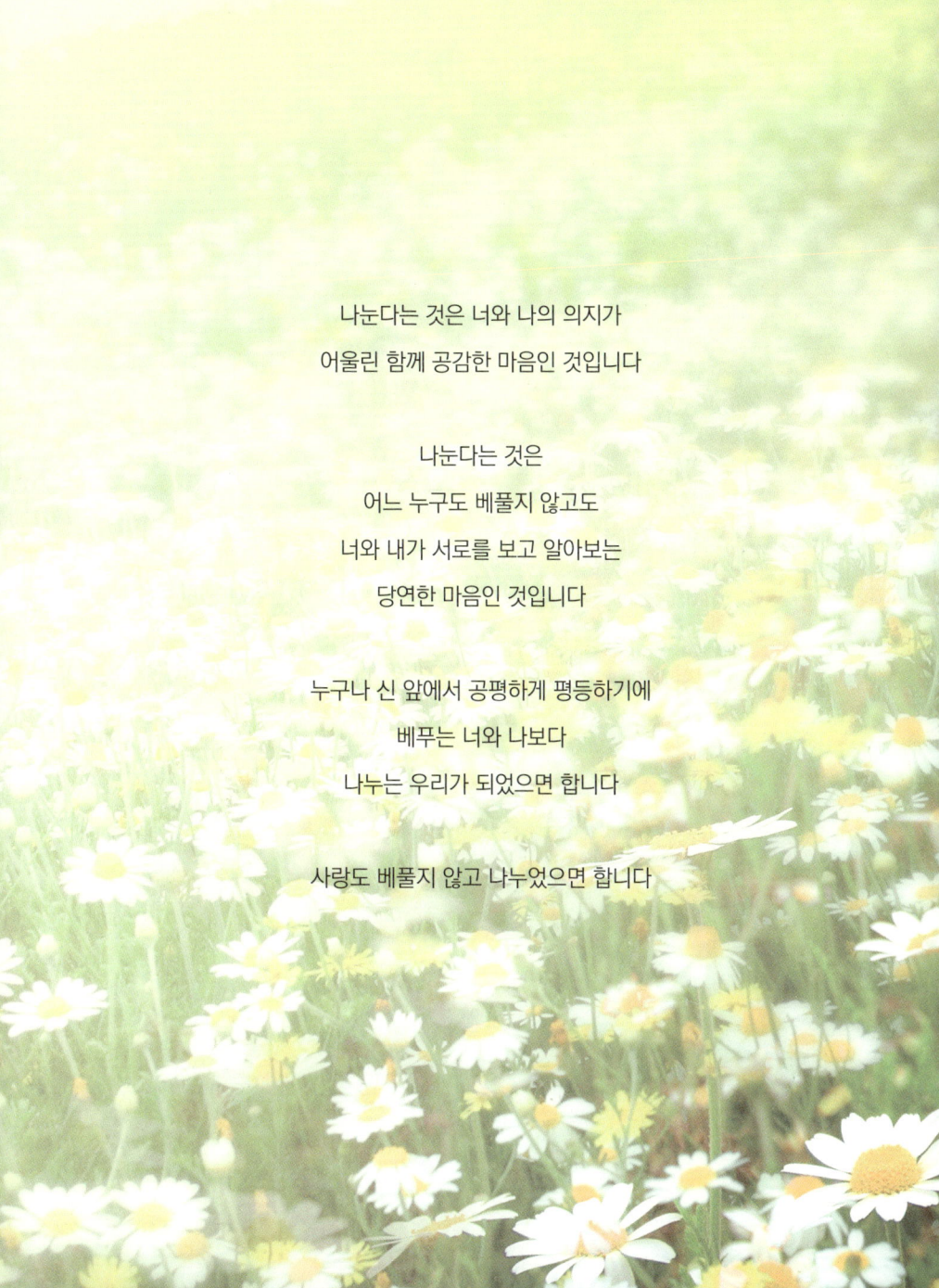

나눈다는 것은 너와 나의 의지가
어울린 함께 공감한 마음인 것입니다

나눈다는 것은
어느 누구도 베풀지 않고도
너와 내가 서로를 보고 알아보는
당연한 마음인 것입니다

누구나 신 앞에서 공평하게 평등하기에
베푸는 너와 나보다
나누는 우리가 되었으면 합니다

사랑도 베풀지 않고 나누었으면 합니다

4부

상처는 어떻게 꽃이 될까?

씨앗 하나가 그냥 꽃이 될 리는 없다

폭우가 쏟아지는 오후,
어린 나이에 이른 아픔과 상처를 겪고 잠시 방황을 겪고 있는
아이들이 다니는 대안학교에서 단체 로스팅 체험을 하러 왔다.

아이들 10명에 인솔 교사 4명.
카페 뒤편 비좁은 로스팅 공장에 인솔 교사들이 들어오려고 하자
"여기는 제게 맡기고 선생님들은 카페로 가서 커피 드세요."라며
난 단호하게 로스팅 공장에서 나가 달라고 말했다.

그렇게 인솔 선생님들을 내보내고
아이들의 눈높이에서 나도 아이들의 일부가 되어
이런저런 소통을 해 가며 커피 로스팅을 같이 했다.

우스갯소리지만 나의 어린 시절은
허구한 날 싸움질에 욕을 입에 달고 지내던
방황하던 십대를 보낸 적이 있었다.

그런 내가 지금은 글을 쓰고 시인이 된 것은 아이러니하지만,
아이들과 같이 볶은 커피가 나올 때쯤 아이들에게 이렇게 말했다.

"쫄지 마, 세상은 너희들 것이야!
로스팅기 안에 생두가 원두로 탄생하는 것처럼
앞으로 너희는 멋지게 살아가게 될 거야.
세상이나 어른들의 시선 따위는 신경 쓰지 말고
너희들 하고 싶고 원하는 것은 다 해도 돼.
하지만, 하나만 나와 약속하자.
앞으로 너희가 만드는 세상을 살아가면서
너희를 위해서
다른 사람 어느 누구에라도 피해는 주지 않았으면 해.
그것 하나만 약속하자"라고 말했다.

커피가 다 볶이고 뜨거운 열기의 원두가
냉각 팬에 쏟아지자 아이들이 환호성을 지른다.

"아까 볼품없던 생두가 이렇게 멋진 모양과 좋은 향으로 변했지?
너희가 볶은 최초의 커피니까 가지고 가서 자랑해." 하면서
아이들과 함께 볶은 커피를 담고 스티커를 붙이고
커피 이름과 자신의 이름과 날짜를 적고 스스로 실링을 하게 했다.

체험 수업이 끝나갈 무렵,
"선생님, 저에게 꿈이 생겼어요." 감사하다며
한 아이가 내 손을 붙잡고 말한다.

평택으로 내려가기 위해 버스에 오르는 한 아이가
"선생님, 한 번만 안아 주세요." 하길래
내 품 안으로 꼭 안아 줬다.

그 모습을 보던 아이들 모두가
"저도 안아 주세요." 하는 소리에
폭우가 내리는 버스 앞에서 아이들을 한 명, 한 명 안아 주었다.

내리는 비에 가슴 안이 울컥 젖어드는 늦은 저녁에
그렇게 나를 찾아온 세상에서
가장 멋진 아이들을 용수리에서 떠나보냈다.

씨앗 하나가 그냥 꽃이 될 리는 없다.
어느 꽃 하나 그냥 피었을 리가 없다.
하나의 씨앗이
땅으로 다가가 뿌리를 내리고
하늘로 다가가 싹을 내밀면서
비에 젖고 바람에 흔들려야 꽃이 핀다.
꽃이 된다.

커피와 사랑은 닮았다.
검은 우주의 불확실에서
별을 찾아가는 미완의 여정 같다.
별에서 태어나 별을 찾아가는
우리처럼.

별을 찾아가는 우리처럼

별에서 태어나 종말을 선고받은
우리에게 사랑은 무엇일까?
우리는 언제쯤 별을 볼 수 있을까?

우리는 알 수 없는 힘에 의해 놓인
수많은 별 무리 사이에서
한 사람을 찾아 길을 나선다

낯선 행성의 표면에서는
절망의 협곡을 가로질러 흘러내리는

통증이나 시들어 가는

불행한 패턴들이 수북이 퇴적한

황폐한 행성에 불시착한 첫걸음을 내딛는다

이렇게 차가운 행성에

미약한 나의 온기로 녹이며

행성에 궤도로 걸어 들어가

생명체 하나를 만난다는 것은 우연이 아닐 것이다

언젠가 별이 사라진 이 행성에

기울인 밤낮을 등에 이고

짜디짠 자전을 멈출 때까지는

계절을 바꾸는 공전을 시도한다는 것이다

한 50억 년쯤 지나면

별 하나 보기가 힘든 이 행성에도

같은 별 하나는 떠 있을 것이다

꽃은

빛은 꽃을 볼 뿐이다

"그저 꽃일 뿐이야"라고
저 꽃잎은 "절대 붉지 않아"라고 투과된 외면을 한다
빛은 꽃이 왜 붉게 피어났지는 모른다

꽃은,
신의 언어가 버려진 무채색의 화원에
굴절된 타투를 한 색맹,
망막을 관통한 지상에 떨어진 욕망이다

사막에 버려진 창녀의 백골을 부리로 쪼아 먹는 검은 새이다
천국에서 내려온 신의 은총은 더 이상 간절하지 않다

꽃은,
필사한 태양의 식은 문장을
검은 새가 먹고 날아올라 밤이 될 때까지
무채색의 허공에 산란한 몸짓에 처절한 안식을 요구할 뿐이다

꽃잎이 붉다고
꽃에게 친절한 이름을 새겨 둘 이유는 없다

들꽃에 물어보렴

들꽃에 물어보렴

우주가 낙하한 질량을
허리 한 번 못 펴고 밤새 받아 내는지를

너의 발에 밟혀도
아프다 비명 없이 참고만 있는지를

바람에 흔들리다 스러져도
한 번도 포기 없이 자꾸만 피어나는지를

버릴 수 없는 생을 붙들고
치욕을 견디고 끝끝내 살아 내는지를

들꽃에 물어보렴

네가 사람으로 사는 것이 힘들 듯이
꽃도 꽃으로 피느라 아프다는 것을

꽃 아래서

꽃 아래서 꽃을 본다
꽃을 흔든 바람을 보고 꽃이 잠든 구름을 본다
꽃에 앉은 벌꽃을 보고 꽃이 잠긴 우주를 본다
가장 낮은 꽃 아래에서 가장 높은 세상을 본다
꽃 아래서 꽃을 본다
네가 보일 때까지 꽃을 본다
내가 보일 때까지 너를 본다

우리는 각자의 상처를 가진 꽃이다.
보편적 치유는 약국이나 병원에 가면서
절대적 치유를 상실한 채로
허공에 상처를 새기며 살다가
신이나 주변의 자연, 때로는 사람에 의해
치유를 한다.

꽃

홀로 피는
아프지 않은 꽃이 어디 있을까?
혼자 아름다울지라도 아프다.
꽃들도 모여야 이쁘다. 이뻐야 더욱 정겹다.

꽃은 자꾸만 수평을 향해 피어날 것이기에

손님이 희롱하는 말을 던진다

언어를 함부로 쓰지 말라고 화를 내고는
카페 후미진 곳에서 언어가 서럽게 운다

지상의 비명 풀잎에 소란
제 것조차 듣지 못하는 힘겨운 것들이
제 몸을 던지는 소리
천국이 변질된 히브리어,

쉽사리 변하는 언어는 진화를 멈추고
말은 꼬리에 꼬리를 물고 변명을 들썩인다

자신을 보지 못하는 언어가 두드린
천국은 문을 걸어 잠그고
처음에 직립한 아이는 입술을 닫았다

계절에 기울기가 내려가면
수직인 것들은 금세 언제 그랬냐는 듯

수평에 고개를 기울일 것이다

조만간 검은 구름이 사라지고 태양은 다시 보일 것이다
꽃은 자꾸만 수평을 향해 피어날 것이기에

별은 어디서 태어나는가?
세상 모든 것은 별에서 태어나 한생 꽃으로 살다가 죽으면 전부 별이 된다.
〈별이 되어 죽어가는 모든 것들에게〉 아크릴 유화, 나이프

상처는 어떻게 꽃이 될까?

그림을 그리는 도중에 옆 사람이
상처를 의미하는 부분을 보고 내게 그런다.

"더 크게 해 봐."
"상처가 너무 크면 꽃이 되기도 힘들어."

누구나 가슴 한편에
상처를 가지고 산다.

상처가 메마른 딱지 위에 작은 꽃이 피기도
아물지 못한 깊은 웅덩이를 만들기도 한다.

상처를 입었다면
상처를 입었다면 먼저 용서는 하지 말자.

미우면 놓아주고 증오가 깊으면 놓아주자.
시기가 일어나면 놓아주고 원망을 품으면 놓아주자.
분노가 생기면 놓아주고 벌하고 싶으면 놓아주자.

몸에 생긴 상처는 쉽게 아물지만
마음에 상처는 아물지 못해 영혼이 시들어
상처를 떠도는 망령이 되기도 한다.
상처에 나를 다치게 하지 말고
상처가 나를 지치게 하지 말자.

누군가 먼저 용서하기보다 나를 먼저 놓아주자.

상처가 쌓아 올린 단단한 장벽은 허물어 버리고
누군가에게 향하는 날카로운 마음은 놓아 버리자.

놓아 버리는 것은 먼저 나를 죽이는 것이다.
내가 죽으면 아무리 깊은 상처도 죽는다.

나를 먼저 죽이고 다시 살아나자.
다시 나를 살린다는 것은
나부터 치유하고 나부터 용서하는 것이다.

상처를 입었다면 먼저 용서는 하지 말자.
나에게는 누군가보다
내가 먼저 귀하고 소중한 영혼이지 않는가?

사람들이 서로를 아프게 하지 않았으면 좋겠다.
사람들이 상처 안 받고 상처 입지 않고
너보다 먼저 나를 사랑하면 좋겠다.
내가 먼저 상처에 이쁘게 꽃이 피었으면 좋겠다.
이번 겨울은 따뜻했으면 좋겠다.

별과 꽃이었으면

땅 위에 사는 것들이 전부 별이듯이
하늘 아래 사는 것들은 온통 꽃이었으면 좋겠다

그럼,
누군가는 꽃을 보고
누군가는 별을 보겠지
별을 세면서 꽃 하나쯤 보태면서

아니,
꽃을 세면서 별 하나쯤 보태도 좋으련만
꽃이든, 별이든 아무렴 어때

온종일 비가 내리는 하루

온종일 비가 내리는 하루
빗소리에 사람 왕래가 잦아든 용수리 카페가
육지 속 섬이 되어 버린 것 같다.

누구나
떠돌지 못해 가슴 한켠에 머무는
보이지 않는
섬 하나쯤은 가지고 있는 것 같다.

후드득, 테라스 의자에 떨어지는 빗소리에
지금은 희미한 시간들,
나를 스쳐 간 인연, 사람들이 하나 둘 깨어난다.

가슴에 묻어 둔 모든 기억이 나를 벗어나
비가 내리는 하늘 아래에
풀어져 모두 행복해지길 바래 본다.

4부 / 상처는 어떻게 꽃이 될까?

철판에도 향기 나는 꽃은 핀다

지금은 시골 읍내 마을에서 커피를 볶고 있지만
수년 전 사업이 망하고
몇 번의 죽음을 넘어서고 나서야
다시 살아보기로 결정했다.

곧바로 인천 남동공단에 있는
철판 공장에서 파견직으로 일을 시작했고
그곳에서 등단도 했다.

처음 파견직으로 공장에 출근해서는
처음 경험하는 공장일이 적응하기가 쉽지 않았다.

철제 가구 하나를 만들기 위에서는
네 사람이 한쪽 귀퉁이에 서서
50여 개의 쇠 볼트에 와셔링을 넣고
너트를 채우고 임팩트로 조이는 과정이
평균 3~4분 안에 뚝딱 만든다.

기계적으로 숙련된 세 사람을 따라잡기 위해
볼트와 와샤링 너트를 쥐고 돌리지만 매번
허둥대는 손은 경련과 쥐가 나는 통에 성할
날이 없었다.

도무지 화합이라고는 모르는 손은
무거운 쇠뭉치 때문에 머쓱해도 짐짓 철판을 깔고
모른 척해야 견딜 수 있었다.

산다는 것은
때로는 고통을 외면해야 살아갈 수 있는 것 같다.

시골 변두리 마을에서 카페를 열고
손님에게 커피를 내어주면서
눈을 마주치고 돈을 받기가 힘들어서 선글라스를 썼었다.

그런 내 모습이 특이했던지
카페를 방문한 손님이 클레이 점토로 만든
선글라스를 쓴 캐리커처를 선물해 주었고

아이러니하게도 부끄러움을 감추고자 했던
가면인 선글라스를 쓴 모습이
상표가 되고 브랜드가 되었다.

요즘은 선글라스를 벗고 대신 얼굴에 당당히 철판을 깔고 있다.

철판에도 향기 나는 꽃을 피울 수 있는 것을 알았기에.

철판

산다는 것은
얼굴에 철판을 깔고
뒤돌은 모습을 보지 않는 일

하늘에
쨍하고 철판을 깔고
쩌렁쩌렁 웃어 주면 되는 일

망치로
찌그러진 철판을 펴서
반듯한 나무가 되는 일

철판에
쇠 볼트와 너트를 조여
무거운 가구(家具)가 되는 일

바닥에
색색이 물드는 꽃을 피워
짱짱한 산이 되는 일

산다는 것은
사람이 쓸모 있게
단단한 철판이 되는 일

멜론 세 덩이

용수리에 카페를 시작했다는 소식을 듣고
인천에서 안 장로님이 오셨다.

지금은 빛바랜 기억이지만 몇 년 전 인천에 있을 때
일이었다.

추석 즈음이었다.

삶의 의욕도 없이 절망에 빠져 삶을 포기하고자
집 안에 나를 가두고 두 주간을 음식과 물도 안 마시고
죽으려고 한 적이 있었다.

시간이 지날수록 몸은 반응을 잃어 갔고
온종일 초점이 풀린 눈으로 천장만 응시하며 숨만 껄떡거렸다.

그때 현관에, 벨 소리가 들려왔고
걸을 힘조차 없는 나는 기어서
현관 앞에 택배 기사가 놓고 간,
 보자기로 싸여 있는 상자를 부엌까지 질질 끌고 갔다.

보자기를 풀자 멜론 세 덩이가 들어 있었다.
난 본능적으로 한 덩이를 부엌칼로 반을 쪼개서
숟가락을 집어들고 허겁지겁 퍼먹었다.

온몸에 감전된 듯한 쇼크가 왔다.
하루에 반 통씩 일주일을 먹어 가면서
다시 기운을 차린 적이 있었다.

훗날 장로님에게
"그 당시 왜 저에게 멜론을 보내셨어요?"라며 물은 적이 있다.
장로님은 "나도 왜 보냈는지 몰라." 하시면서 웃기만 하셨다.

그날 장로님이 보내준 현관 앞 택배 상자에 들어 있던 멜론은
광야에서 하나님이 보내 준 기적의 만나처럼
나에게 생명을 다시 살리는 기적이었다.

안 장로님은 카페를 오픈한 이번 추석 때도
나에게 똑같은 멜론 세 덩이를 보내 주셨다.

장로님에게 보내 주신 이유를 묻지는 않았지만

"다시 사는 인생 하나님께
 부끄럽지 않게 이쁘게 살아 보아라"라는

의미로 나에게 보내 주셨을 것이다.

인천에서 경기 광주까지 먼 길을 오셨는데
장사가 바쁘다는 핑계로 식사도 대접 못 했다.
바쁘다고 가셔야 한다는 와중에도
팔아 주신다고 드립백을 왕창 사 가시는 모습에 감사하고 죄송했다.

내가 살면서 갚아야 것이 많은,
하나님이 보내시어 나를 살려 주신 분,
장로님이 가시고 나서
염치없는 마음에 갑자기 울컥거린다.

"장로님께 받은 많은 것들
제가 살면서 사람들에게 꼭 나눠 드릴게요.
감사합니다. 안 장로님."

공존

너와 나는 식물이다

시간 안에서 공간이
적당량의 빛을 받아 엽록소를 채우고
구기진에서 짜낸 수분을 머금는
뒤아래 키재기 중인 꽃쭉는 식물이다

계속 낮아진다는 것은 공명한다는 것이다

납작 엎드릴수록
별에서 멀어진 빛은 가속된
쿵 쿵 쿵, 심장 소리가 난다

바닥에 엎드린 늘의 붉은 등에서
흐르는 눈물이 기화된 빛과
같은 놀이에 하늘로 쳐올려 조율한다는 것이다

쓰레기 중인 너와 내가 무너져
산산한 숲이 될 때까지 생존한다는 것이다

움직이는 꽃꾸는 식물이
수천 년 수만 년 뒤
석탄일지 석유일지 모르는 유기질이 된다는 것이다

바닥에서 다시 태어난 빛이
꽃으로 피다가
별이 될 때까지는 공존한다는 것이다

나무 아래에

울고 싶은 것들은 나무 아래에 모여든다.

나무는 지면에 제 발을 파묻고
하늘에 쩌렁 허리를 곧추세우고는
두 팔을 벌려 느린 공간을 열어
아래에 모여드는 생명을 끌어안는다.

울고 싶어 모여든 것들에게
무수한 이유는 모른 척 덮고는
발 아래 느리게 풀 몇 포기 꽃 몇 송이를 피우고 있다.

커피를 볶다가 테라스에 나와
비에 젖고 있는 나무를 본다.

나무가 나에게 말을 걸어온다.

나무로부터 나는 들었네

나무로부터 나는 들었네

나무가 얼마나 많은
차가움을 견디기 위해 침묵하는지를

차가운 것들이 뻗어 가는
머나먼 수평을 바라보며
얼마나 많은 수직 한 시간을 버티고 있는지를

떠나간 것들이 남긴
차가운 언어를 삼키고 있는지를
감정을 뜨겁게 감추고 있는지를

잡을 수 없는 별을 쫓아
얼마나 많은 꽃을 감추고 있는지를

무성한 잎을 숨기고 있는지를
얼마나 많은 나무를 안에다 심고 있는지를
나무로부터 나는 들었네

토마토가 자라고 있어

며칠 전 방울토마토를 심었더니 싹을 틔우고 기지개를 편다.

너무 기특해 사진을 찍고 나서
아내에게 카톡을 보낸다.

"토마토가 자라고 있어!"

해바라기 씨앗을 심으면 해바라기가 피고
토마토 씨앗을 심으면 토마토가 자란다.

우리가 매일 심는 언어에 좋은 말씨를 심는다면
마음 깊이 내리는 뿌리 깊은 관계에서
좋은 인연들이 한가득 열매를 맺는다.

말씨가 고와지면
맘씨가 고와진 몸씨에서
고운 향기가 나는 꽃씨가 자라
고운 꽃 같은 맵시가 좋은 사람이 된다.

내가 뿌린 나쁜 언어에서
좋은 사람을 만나거나 얻기를 기대하는
당연하지 않는 확률은
절대로 일어나지 않는다.

예전에 사업에 실패하고 대인기피증과 무기력으로
인천에 17층에 살면서 스스로 문을 닫고 은둔생활을 했다.
지금에서야 그 당시에 난 집 안에서
노숙자였다고 우스갯소리도 하지만

몇 년을 집안에 웅크리고 고립된 생활을 하면서
이 집에서 세 번이나 삶을 포기하려는 바보 같은 생각과
심장이 멈추는 죽음을 겪고 나서야
17층에서 문을 열고 내가 만든 지옥에서 벗어나
이곳 용수리로 내려와 작은 카페를 열고 커피를 볶을 수 있었다.

느릿느릿한 달팽이처럼 행복이란 것을 찾아
인천 17층에서 용수리까지 몇 년을 느리게 기어서 온 것 같다.
나라는 문을 열고 나오는 것은 어렵지만 쉬운 일이기도 하다.

"문을 두드려라. 그러면 열릴 것이다."
「마태복음」에 예수님의 말씀처럼
내가 두드리면 나의 문은 열리는 것이다.

17층 달팽이

난 비가 내릴 때면
창문 안쪽 안전지대에서 턱을 괴고
비 젖은 세상 밖 도시를
자유롭게 감상하곤 한다.

정말 신기한 일은
느릿한 달팽이 하나가
풀과 나뭇잎이 가득한 수풀이 아닌
17층 유리 창문 밖에 착 달라붙어,

무지막지한 중력에
하나하나 끌려 내려온 사슬이 풀어져 터지는
비명을 이리저리 잘도 피하고 있었다.

난 달팽이에게
"위험해, 창가에서 어서 도망쳐!"
하고 외쳤다.

달팽이는 두 개의 촉수를 바투 세운 눈으로
도무지 이해가 안 간다는 듯 나를 쳐다보고
말했다.

이제 밖의 세상을 가둔
껍질을 벗어 버리고 비를 온몸으로 끌어안을
짝을 찾아 먼 여행을 떠나는 중이라고,
가장 약한 부위는 껍질이라고,
속살로 꼭짓점을 향해 기어오르는
지금이 가장 강해지는 순간이라고

지금껏,
햇볕에 말라 죽은 달팽이는 있어도
비에 맞아 죽은 달팽이는 없었다고.

넌지시 나에게 말해 주었다.

겨울을 견뎌내고

카페에 출근하는 길에 강둑에 앉아 오리를 본다.
겨울을 견뎌내고
수면을 미끄러지며 유영하는
오리가 대견해 보인다.

강둑에 숨어 갓 피어나려고
꽃 몽우리가
기지개를 펴고 있었다.

오리

오리는
살아남기 위해
넌지시 물 안에 몸의 일부를 내어준다.

밟을 수 없는 수면을 딛고는
살아갈 이유를 만들어서라도
버티고 있었다.

오리는
수면이 기울면 큰일 날 것 같아
날개를 접어 빈틈을 꽉꽉 틀어막고
깊숙이 발을 뻗고 있었다.

뒤뚱거리는 두 발로 수면을 붙잡고는
낮은 곳의 경계에 도달할 때까지
날이 선 물 위를 유유히 미끄러지고 있었다.

살아있다는 환시(幻視)에 빠진 오리는
언 발은 꼼짝 못 한다는 것

날개가 얼얼하다는 것
바람을 오랫동안 이고 있었다는 것 외에는
딱히 겨울은 기억나는 것이 없었다.

오리는 뒤뚱거리고는
수면을 벗어나기 위해
허공 안으로 투신한다.

오리가 밀쳐낸
파란(波瀾)이 건너간 언저리에는
이유를 만들어서라도 살아남은
꽃들이 은밀히 피고 있었다.

달

길고 긴 시간 전에,
동굴 밖에 기어 나와 하늘을 본
처음의 누군가는 분명 있었을 것이다

별에서 태어나 모닥불을 피우고
멀고 먼 그곳에,
수많은 별들이 사는 은하를 보면서
자라났을 것이다

누군가는 살아남기 위해
별 하나를 찾아야만 했을 것이다

별에서 태어난 누군가는
탯줄을 모질게 끊고는
길고 긴 길을 떠나야 했을 것이다

외면(外面)에 솟아오른
어미의 시퍼런 우물을 보고
떠나지 못하는 아이가 길을 잃고
맴도는 안쓰러운 모습에

푸른 밤이 희도록 지새우는
누군가는
기어코 울음을 터트리고 말았을 것이다

5부

비는 너에게
천천히 알려 준다

지금 내리는 비처럼

카페를 운영하다 보면
손님이나 주변 사람들이 크고 작은 서로의 감정에
관계가 상하는 것을 본다.

좋았던 관계가 사소한 말 한마디 행동 하나에,
다시는 안 볼 것처럼 감정이 상하고는
냉랭히 돌아서는 모습을 보곤 한다.

항상 좋을 수만도 나쁠 수 만도 없는 적정한 관계는
난제이고 해결 불가한 숙제처럼 어려운 것 같다.

감정에 기울기에 따라 좋았던 관계가
지옥을 만들기도 괴물이 되기도 하는
감정은 악몽의 가장 근면한 친구이다.

감정에 각각의 이름을 붙이고
관계의 토양에 정성껏 심어
꽃을 피우는 수밖에 없는 것 같다.

비가 내리는 주일 예배 중에 하나님께 기도를 올린다.

"저들 사이의 감정에 지금 내리는 비처럼
사랑을 가득 적셔
서로가 꽃처럼 물들게 하소서, 아멘."

주말 내내 내리는 비에
커피숍을 찾는 손님의 발길이 끊긴다.

조급함에 내리는 비를 본다
차가움일지 뜨거움일지 모르는 색들이 번지고 있었다.

비가 내리는 순간

비가 내리는 순간은
살아야 하는 수직과 살아남아야 하는 수직 사이에
존재하는 색의 번짐이다.

수평을 이탈한 중력에 순응한다는 것은
낙하한 질량과 지면을 견디는
수직이 온몸으로 지탱하는 차가움일까? 뜨거움일까?

아마도 수직과 수직이 만나는 경계에서
분리된 분리가 새로운 결합을 시작하는
생명이 탄생하는 순간의 구별 같다.
비가 내리는 순간은
무슨 색의 꽃이 피는지 아무도 모른다.

〈비가 내리는 순간〉 아크릴 유화

비

중력과 직각된 하늘을 나는
수평의 무게가 참을 수 없는
저울질

어긋난 수평에 척추가 곧추세워진
비명이 지르는 십자가(十字架)
수평이 구속된 낙하

무수히 내리찍는 단죄(斷罪)

후
두
득

아파서 우는 지면(地面)

5부 / 비는 너에게 천천히 알려 준다

비의 농담

커피 한 잔을 들고
흘러 내리는 창밖의 풍경을 내다본다

새벽부터 시작한 거친 직선의 낙하는
조금은 느려진 템포로
분주한 수직 한 물관에서 튕겨져 나온
비우지 못한 커피잔 안에 매끄러운 원을 만들고는
천천히 물들인 순해진 농담이 된다

이따금 신은
자유로울 수 없는 액체의 감옥을 만든다

뒤섞인 색의 언어가 햇살 한자락이 옅게 내려앉은
마름한 흙의 한 귀퉁이에서 시작될
예비된 시간이 꽃이 되기를 기다리면서

구속은 아무렇지 않게
때로는 옅게, 때로는 짙게,
수직 한 추락과 뒤섞어
흔들어 놓은 순해진 비의 농담은
빈 잔이 될 때까지는 신에게 지나간 시간의 죄를 고해야 한다

수직 한 신의 언어를
온전한 사랑의 힘으로 받아 출렁이는 혈관에 가지를 연결하고
대지에 뿌리를 박고 흩어진 향기를 모은
뜨거운 언어를 삼켜 수평 한 문장을 만들어야 한다

신의 사랑이 있는 곳에는
빗소리 하나에도 신의 언어가 있다
젖은 꽃잎 하나에도 신의 손길이 있다

비의 소리

비의 소리는 들의 본격

침묵하는 꽃이
얼마나 아름답게 젖는지

미동 없는 꽃이
세상을 얼마나 물들여 가는지

비의 소리는 들의 본격

비는 자신을
꽃에게 어떻게 내려놓는지를

용수리에 이틀 연속 내리던 비가 그치고
날씨가 제법 쌀쌀해지더니
서로에 체온이 필요한 계절이 성큼 다가온 것 같다.
이번 비가 그치고 나면
사람의 온기로 따뜻해지면 좋겠다.

비는 너에게 천천히 알려 준다

비는 너에게 천천히 알려 준다

거리가 멀어도
너에게 어떻게 다가가는지를

언어가 없어도
너에게 어떻게 속삭이는지를

두 팔이 없어도
너에게 어떻게 안기는지를

가슴이 없어도
너에게 어떻게 적시는지를

지면을 메우고
너에게 어떻게 살아가는지를

세상에 스며서
너에게 어떻게 피어나는지를

그리고 떠나는 것들이
너에게 어떻게 멀어지는지를

비는 너에게 천천히 알려 준다

날이 점점 추워진다는 것은

용수리 겨울은 유난히 춥다.

카페를 오픈하고 이곳에서 첫 겨울을 겪으면서
겨울은 카페 운영이 힘든
비수기라는 것을 몸으로 배우고 있다.

손님이 끊긴 빈 카페 문을 열고 나와서
테라스 앞에 찬바람을 맞고 서 있는 나무를 본다.

제 잎을 다 내주고도 뿌리를 깊게 박고서
시린 계절을 견디는 나무처럼
필연적인 봄이 오면
당연히 연한 새싹이 돋아날 것이고 꽃이 필 것이다.

날이 점점 추워진다는 것은
봄이 점점 가까워지고 있다는
반증이기도 하다.

바람이 지나가고 난 자리에는
햇살이 비치듯 다가올 봄을 기다리는
사랑 하나는 남겨 두었을 테니까.

겨울나무

오늘 밤에는 찬 바람이 붑니다

나무에서 나뭇잎이 우수수 떨어집니다
지나가는 바람에
나무가 잎을 그냥 내어줄 일은 만무합니다

오도 가도 못한 나무가
바람에 한 잎 한 잎 편지를 실어
멀리 떠나간
봄날을 불러오는 것입니다

길 잃고 헤매는
꽃잎을 데려오는 것입니다

빈 가지만 남을 때까지
밤새 달을 붙잡고
잎을 떨구며 편지를 보내는 것입니다

지나가는 바람에
나무가 잎을 그냥 내어줄 일은 만무합니다

잎이 떨어진다 하여
봄이 오지 않는다 할 수는 없는 일입니다

찬 바람이 분다고 하여
사랑이 떠났다 할 수는 없는 일입니다

빈 가지만 남았다 하여
사랑이 아니라 할 수는 없는 일입니다

용수리에서 첫눈

용수리에 자리를 잡고 맞이하는 첫 겨울,
첫눈이 내린다.

새하얀 눈 속에서도 꽃이 피고 향기가 나는 상상을 하면서
이를 모티브로 시를 쓰고
겨울에 어울리는 커피를 블렌딩 중이다.

내가 볶는 커피가
누군가에 가슴에 첫눈처럼 슬며시 녹아
꽃이 피고 봄이 오길 바라며 커피를 볶는다.

"모두의 가슴에
소복이 내려 꽃이 되어라.
첫눈처럼 행복하여라."

용수리에서 첫 겨울 시즌 블렌딩 커피 이름은
'첫눈'으로 지었다.

5부 / 비는 너에게 찬찬히 알려 준다

첫눈

계절이 바뀌는 첫날에는
아무도 모르게 너의 가슴에 내리는
첫눈이 되겠다

나무에 떨어지는 낙엽처럼
아무도 모르게 너의 가슴에 쌓이는
언어가 되겠다

첫눈이 된다고 해도
서둘러 너의 가슴을 붙잡지는 않겠다

너에게 데려가 달라고
일부러 신에게 기도는 하지 않겠다

바람이 데려가는 낙엽처럼
첫눈으로 너의 가슴에 뒹구는
모어로 남아 있겠다

계절이 바뀌는 첫날에는
아무도 모르게 너의 가슴에 녹아
꽃이 되겠다

너의 가슴에 환한 봄이 되겠다

어제는 첫눈이 내렸다.

얼기도 녹기도 하는
가볍기도 무겁기도 한
눈은 사랑과 닮았다.

누군가를 사랑한다는 것은 선명한 눈 위를
걸어가는 일 같다.
눈처럼 사랑도 선명한 언어의 진심을
전하면 되는 것 같다.

오늘처럼 눈이 내리는 날에는

오늘처럼 눈이 내리는 날에는
너에게 걸어가겠다.

바람이 떠미는 눈을 붙잡고
미끄러져 넘어지지 않도록
조심히
너에게 걸어가겠다.

눈밭을 다녀가는 노루처럼
가슴에 선명한 흔적을 남기고
사뿐히
너에게 걸어가겠다.

달빛에 서성이는 그림자를 따라서
큰 발자국보다 작은 발자국으로
천천히
너에게 걸어가겠다.

꽃처럼 떨어지는 눈을
나비처럼 밟으며
빠르지도 않고 느리지도 않게
살며시
너에게 걸어가겠다.

멀어진 눈먼 가슴은
아무도 모르게 하얗게 덮고서
수북이
너에게 걸어가겠다.

눈

눈은 차가운 수평이다

차가운 꽃과 나무를 덮고
차갑게 식는 너의 얼굴을 덮는 차가운 수평이다

갈릴레오가 없었다면
아직도 손바닥에 올려놓고
날카로운 수직에 찔려 얼어붙고는
차가운 것과 따뜻한 것 사이에서 기울고 있겠지

눈은 축축한 동사이다
모든 가슴에 별처럼 내려와 꽃처럼 적시는
허공의 눈물이다

눈 덮인 거리가 춥다고 얼지는 마라!
건조한 너의 심장을 수색해 뛰느라
냉랭히 마를 여유가 없다

눈은 뜨거운 벙어리 새이다

하늘에서 수직이 날아와
바닥에서 올라온 날카로운 비명을
침묵으로 덮는다

왜 울지 않느냐고 묻지는 마라!

차갑게 식는 너를 덮고는
뜨겁게 녹이느라 울 새가 없다

봄의 환대

바람이 데려온
노곤한 햇살에 겨울이 녹는다.

창가에 꽃을 놓는다.
테이블 위에 꽃을 놓는다.
테라스에도 꽃을 모아야 한다.

해빙기가 닥치기 전에
꽃을 모아야 한다.
봄이 오기 전에 꽃을 모아야 한다.

겨우내 걸어온 시린 발목은
꽃을 모아 환대를 해야 한다.

봄이 꽃들을
세상에 다 풀어버리기 전에
꽃을 모아 고백을 해야 한다.

봄이 오기 전에
꽃을 모아 환대를 해야 한다.

짧은 봄이 지나고 벌써 초여름이 온다.

코로나19로 수년간
나아지겠지 좋아지겠지 하면서
스스로 희망이라는 최면을 걸었던 것 같다.

마스크를 벗고 일상 회복으로 돌아가고 있지만
회복은 느리고 더디기만 하다.

그래도 하나님께 감사의 기도를 되뇌면서
여름이 시작하는 길목에
꽃 진 자리에 연두가 올라오는 나무를 본다.

초록이 물든 나무에 모이는
숨쉬는 희망을 본다.
신의 품 안에서 움트는 생명을 본다.

신의 손길에 젖은 사랑을 본다.

청개구리

꽃잎이 허물어지는 계절
추위에 약한 청개구리가
카페 테라스에 방문한다.

청개구리가 왜 우는 줄 아니?

슬퍼도 웃고 싶어서 울고
나빠도 좋아지려고 울고
아파도 나아지려고 울고
절망해도 희망을 찾아 우는 거야.

언제부터인가 우리는
청개구리가 되어 버렸는지
모르겠다.

다시는 울지 않겠다고 다짐을 하지만
오늘도 울고 있는
청개구리라서 어쩔 도리가 없나 보다.

코로나19가 몰고온 경기 한파로
모든 장사가 힘든 시절이지만
힘들어 울면서 견디는
우리는 청개구리와 무척 닮았다.

6부

누구나 순간이 있답니다

순간

창틀에 전깃줄을 내걸었던 순간,
모가지를 휙 감았던 순간,
살려고 대롱대롱 매달려 거걱거걱하는 순간,

나무에 벗어난 사과처럼
당기는 중력에 의해 두- 득 툭 줄이 끊어진 순간,
바닥에 개꼬락 친 순간,
왼쪽 엄지발가락이 세상 끝과 충돌해 발톱이 궤도를 이탈한 순간,

아파서 죽는 것도 잊어버린 순간,
이 빠진 엄지발가락을 입에 악물고 엉엉 울던 순간에
내 모양이 너무 웃겨 하늘을 쳐다본
웃음이 공포를 방문한 그 순간에

우리의 신체는
세포를 응축시킨 분리된 자리에
새로운 순간이 찾아온다

간지러워 미칠 정도의 통쾌함이 단단한 딱지를 만들고
순간의 흔적인 견고한 문신을 새기고
공포와 치유를 동반해
순간을 넘어갈 수 있는 다리를 연결해 준다

순간이 순간을 건너갈 수 있게 해 준다

누구나 순간이 있답니다

늦은 저녁 카페를 방문한 단골인
젊은 손님이 힘들다고 죽고 싶다고 하소연을 한다.

무슨 사연이 있는 것일까?
무슨 말을 해 줘야 하나 고민을 하다가

"누구나 순간이 있답니다.
그 순간은 결코 재미있지는 않답니다.
그 순간이 넘어갈 수는 기적이 일어나길 바라면서
견디어 낼 뿐이죠.
그러다 보면 그 순간을 넘어갈 수 있는 다리도 보이니까요."라고
말해 주었다.

그러면서 예전에 내가 순간의 고비를 벗어나면서 썼던
글을 읽어 주었다.

손님이 한참을 듣다가
"휴" 하고 긴 숨을 내쉬고는 눈물을 글썽이며 돌아가고,
그 그림자를 물끄러미 본다.

그의 뒷모습에서 예전에 내가 직면했던 순간이 떠올랐다.
나 또한 몇 년을 어디서, 길을 잃었을까?
사업 실패 후, 가진 것을 다 잃고 심장이 멈추고
스스로 사람을 피해 세상과 단절을 했다.
사람이 무서웠다.

심장이 멈추고 나서야 신에게 구원의 기도를 올렸다.
그래도 살아야지 하면서 공장에 나가서 일을 했다.
공장일은 서툴렀고 힘들었고
회복 중인 심장이 죄어 오는 통증이 있었다.
살려고 하니 이제는 몸이 버거워했다.

온라인 게임 개발만 했던 나로서는 낯선 세상, 낯선 일들이 난감했다.
내가 좋아하는 일을 찾아 소박하게 살고 싶었다.
그러던 중 게임 개발자 시절부터 물처럼 마시던 커피,
커피가 좋아 전국을 다니고 일본 드립의 원조를 찾고,
터키의 커피 시장통을 찾아다니던 기억이 떠올랐다.

포화 상태인 국내에서 커피는 힘들다고 했던 내가
이제야 커피를 도전하려고 도시를 떠나
시골로 내려와 커피를 볶는다.
얼룩진 시절의 끝자락에 선 오십이 넘은
철부지 아이가 다시 꿈을 꾸고 있다.

커피를 시처럼 볶아 사람과 마시면서
사람을 노래하고 사람을 쓰고 싶다.
이제는 사람을 보고 싶다.

그래도 힘내!

언제인가 카페로 전화 한 통이 걸려 왔다
죽으려고 하는 순간이었다고 한다.

가끔 SNS에 올렸던 나의 글을 읽다가 펑펑 울고 나서
다시 살아 보기로 했다고 "감사합니다. 감사합니다."
거듭 내게 말했다. 난 무척 당혹스러웠다.

부끄러운 내 벌거벗은 이야기를 쓰고 있는 것뿐인데,
나 자신도 치유 중인데 곤혹스럽고 의아했다.
그분에게 "그래도 힘내세요. 다행입니다. 감사합니다."
라고 말해 주었다.

나도 몇 년 전 세상이 무서워 도망치고
절망의 바닥에 주저앉아 운 적이 있었다.

사방에 단단한 벽을 세우고
나를 가두는 우리를 만들고
지독한 슬픔, 외로움을 뒤집어쓴 짐승이 되었다.

그 당시 내가 나를 위로하기 위해 글을 쓰고 시를 썼다.

참 신기한 일은
나의 절망과 한탄이 뒤섞인 넋두리 같은 글에서
위로받는 사람도 있고 격려를 해 주는 사람도 생겼을 때
나 또한 조금씩 치유가 되어 가고 있었다.

누구나 상처를 가지고 있다.
상처를 가진 사람은 상처 입은 사람을 알아본다.

함께 안아 주고 울어 주면서
나의 상처로 너의 상처를 위로한다.
나의 상처로 너의 상처를 치유한다.
나의 심장이 멈췄을 때
하나님이 나를 살려 준 이유를 찾고 싶다.
살아가는 동안 조그만 행복을 만들고 싶다.
하나님에게 돌아가 엎드려 다시 참회를 할 때,
내게 다시 삶을 내어 준 그분에게
감사했노라고 이쁘게 웃어드리고 싶다.

그날 나에게 찾아온 기적의 생명처럼
나는 지금 다시 삶이라는 꿈을 꾼다.
"그래도 힘내!"

절망이 너에게 오면

절망이 너에게 오면
끝까지 절망하기를
바닥까지 내려가기를
더 이상 절망할 수 없는
절망과 마주하기를
그곳에 엎드려 통곡하기를
우연히 내려온 뒤를 올려다보기를
너를 보고 있는 신을 보기를
신의 멱살이라도 잡고
솟에서 기어오르기를
절망하던 죽을힘을 다해
끝까지 기어오르기를
악하게 기어이 살아나기를
착하게 반드시 살아가기를
이쁘게 이제는 살아가기를
인간의 가장 큰 죄는 삶을 스스로 버리는 것이다

몇 년 전 심장이 멈춘 이후로
어둠이 무섭다. 그래서 불을 켜고 보초를 선다.
심장 안에 잠들지 못하는 새 한 마리가 살고 있는 것 같다.

다시 편안히 잠들 수 있을 때
텅 비어 버린 고장 난 심장에
사랑 하나는 몰래 남겨 두고 싶다.
심장 안에 숨어 우는 새 한 마리의 바램처럼
그래서 오늘도 커피를 볶고 있는지 모르겠다.

이율배반

밤이 강을 건너간다
강은 한번 물리면 탈출이 불가능한 톱니 같은 이빨을 가지고 있다

철모르는 새가 철퍼덕 강에 부딪히자
강이 새를 덥석 물고 단단한 벽으로 끌고 들어간다

수심 깊은 벽에는 방이 있다
어느새 잡혀 온 네모난 어둠 안, 사각의 화초 사이에
노니는 물고기 몇 마리,
마른 나무 몇 그루가 벽을 보고 서 있다

겁을 먹은 새는
나무에 들어가 매 시간마다 꾀꼴대는 나무 새로 위장한다

방 안은 뒤섞인 조용한 상자, 들킬 일은 전혀 없다

물 밑 방 안 포승에 꽉 묶인 새는
눈에 불을 켜고 형광등처럼 깜빡깜빡 누런 숨만 쉰다

새가 숨은 네모난 방 안은 아직 아침 없는 벽이다

우연적 필연

아침에 커피숍을 열자마자
일터에 출근하는 첫 여성 손님이 아메리카노를 주문한다.

커피숍 앞에 정차한
손님 차가 시동을 켠 채 문이 잠겨 버렸다.

보조키도 없는 상황,
출근시간이 늦을까 발만 동동거리는 모습에

급한 대로 손님에게
보험사에 연락해 보라고 말을 건네는 순간,
바로 긴급 출동 차량이 우리 앞에 선다.

"문이 잠기셨나요?" 하면서
기사님이 차 문을 여는 장비를 꺼내 수초 만에 열어 준다.

알고 보니 긴급 출동 차량 기사님도
커피를 사러 오신 길이었고
문이 잠긴 차량 주인과 같은 보험 회사라

손쉽게 문을 열어 주고는
"보험 회사에 고객만족도 평가만 잘해 주세요." 한다.

나는 신기하기도 하고 감사하기도 해서
서비스로 따뜻한 아메리카노를 기사님에게 건네 드렸다.

불과 아침 5분도 안 되는 사이 일어난 일이었다.

나를 벗어난 사소한 관심은
험하고 무관심한 세상에서
나의 주변을 확장하면서 필연적으로
새로운 질서를 창조하기도 한다.

우연적 필연이다.

꿈을 만드는 연금술사

한국복지목회협회 소개로
캄보디아 노동자와 다문화 가정을 위한 커피 교육을 하게 되었다.

비록 언어는 달라도
커피라는 매개로 꿈을 연금하기 위해
자신의 열정을 소통하고 나누면서
함께 시간의 길을 걸어온 캄보디아 친구들을 만났다.

3개월간의 바리스타 교육을 마치고
바리스타 2급 자격을 취득한 자랑스럽고 멋진 친구들이다.
마지막 수업이 끝나고
뒤풀이 회식자리에서 쏙 바우라는 친구가
슬며시 옆자리에 와서 상기된 표정으로 속삭인다.

"존 선생님,
나는 몇 개월 뒤에 캄보디아로 돌아갑니다.
존의 커피 수업을 받으면서 나의 꿈을 설계했어요.
캄보디아에 돌아가면
고향 시내에 작은 커피숍을 차릴 겁니다.

가능하면 직접 로스팅을 해 보려고요.
이제는 나의 꿈을 만들고 싶습니다.
감사합니다, 선생님."
이 젊은 친구의 떨리는 말을 듣고 있다가
이 사람도 지금 나처럼 자신의 꿈을 연금 중에 있구나 하는
생각에 가슴이 뭉클해진다.

삶의 길을 걷다 보면
넘어지고 일어서기를 반복하지만
여전히 나는 꿈을 꾸고 있다.
내가 꿈꾸는 길 위에서
꿈을 연금하는 사람들을 만나고
함께 물들어 가고 있음에 감사하다.

진정한 연금술은
새로운 것을 만드는 것이 아니라
서로를 물들여 가는 것이기에
열정과 희망이 뒤섞인 꿈의 시작은
마법이 되고 삶의 새로운 가치가 되어
황금보다 빛나는 것이 될 것이다.

우리는,
삶이라는 긴 여정 길 위에서
서로를 물들어 가며
자신의 인생을 바꿀 수 있는
꿈을 만드는 연금술사이기 때문이다.

천국이 있을까요?

비가 내리는 아침,
첫 손님인 단골 여성 손님이 내게 물어본다.

"사장님, 천국이 있을까요?"

"글쎄요,
천국이 있다, 없다보다는
없다고 사는 것보다 있다고 사는 것이 낫지 않을까요?

있다, 없다라는 확인을 할수록
오히려 나에 대한 막연함과 불안감을 만드는 것 같아요.

내가 나에게 이쁘게 사는 것이 나을까요?
아니면 못나게 밉게 사는 것이 나을까요? 라는 것과 같은 질문 같아요.

누구나 자신이 이쁘게 살기를 바라잖아요.
그렇다면 내가 욕을 하고 사는 삶보다는
좋은 언어를 쓰는 삶이 나에게 더 낫잖아요.

매일 불만과 불평 부정보다,
충만과 감사 긍정으로 사는 것이 낫고요.
나에게 천국이 있는 것이 없는 것보다 더 좋은 것뿐이에요.

천국이 있다 없다는
저에게는 그다지 중요하지 않는 것 같아요."
라고 말해 주었다.

성경에 이런 구절이 나온다.
"예수께서 그들 앞에 또 비유를 베풀어 가라사대
천국은 좋은 씨를 제 밭에 뿌린 사람과 같으니."

신의 언어에 귀를 막고
신의 언어를 난독하는 사람들이 있다.

신의 말씀은 모든 인간에게 땅 위에 살면서
사랑을 나누고 천국에 오라는 것이다.

꽃처럼 이쁘게, 물처럼 모나지 않게
살다 오면 천국의 문은 자연히 열린다는 것이다.

지상에서 못나게 모나게 살다가
회개나 헌금 한방에 천국에 간들

천국이 오염되면 천국이 아닌 지옥이 되기 때문이다.

나를 사랑하고
이웃을 사랑하고
사람을 사랑하라는 주님의 말씀이 꽃 피는 곳
그곳이 천국이다.

값없이 살 수 있는 것들

젊은 여성분에게 전화가 걸려왔다.

"저, 예가체프 코체레 드립백 한 박스 주문할 수 있을까요?"

"아, 드립백으로는 예가체프 코체레는 현재 만들지 않는데요."

"얼마 전 아버지가 위암 수술을 하셨는데
커피를 좋아하세요.
약배전한 에티오피아 코체레가 입맛에 맞으신다고 하셔서요.
병원이라 드립 장비가 없어요."

"그러시구나.
그럼 제가 볶아서
수제작으로 드립 백을 만들어 보내 드릴게요."

"감사합니다."

전화를 끊고 나서 많은 생각이 들었다.

세상에는 돈으로는 살 수가 없는
값없이 살 수 있는 것들이 있다.

사람이 숨 쉬는 공기, 갈증에 마시는 물,
어둠을 밝혀 주는 빛과 같은 나의 생존에 필요한 것들과

마음에 온도를 높여주는 것들, 사람이 사람에 감사한 것들,
사람이 주고받는 감정이 담긴 언어,
서로의 생존에 필요한 것들이 있다.

주문한 드립 백 한 박스를 만들기 위해
10박스 분량인 1kg을 볶아야 하지만
누군가의 마음이 상품 값을 뛰어넘는 값을 지불해 버렸다.
꽃 향기 가득히 마음을 볶아서
네댓 박스를 만들어 보내 주려 한다.

별, 바람, 구름 아래에는
보이지 않는 꽃이 피는 간격이 있다.
보이지 않아도 이름을 몰라도
꽃을 피우기 위해 모이는 간격이 있다.

진심이라는 비번

내게 커피를 배우려 온 캄보디아 제자들에게
첫 수업에 한 말은
"I respect you,
난 진심으로 당신들을 존중합니다."

마지막 수업에 해 준 말은
"You deserve it,
 당신들은 누릴 자격이 있습니다."였다.

오늘은 실전 프로파일링 커피를 볶는 실습,
캄보디아 제자들이 로스팅 커피 수업을 받는 날이다.

부족한 시간과 제한된 환경에서 커피를 배워 왔지만,
상업적 납품용 원두 프로파일에 따라
캄보디아 친구들이 로스팅을 한다.
주관처인 다문화 사무처장 목사님이 그 모습을 보고 내게 그런다.

"의례적인 교육인 줄 알았는데
저렇게 능숙하게 대형 기계를 만지면서

높은 수준의 커피를 볶는 것까지는 생각하지도 못 했네요.
놀라운 체험이고 경험입니다."

"제가 한 일은 거의 없어요.
주입식 지식을 주려고 한 것이라 아니라
저들의 마음을 조금 열어 준 것뿐입니다.
사람의 마음은 금고 같아요.
단단히 잠겨 있어요.
그 잠긴 마음에 진심이라는 비번을 눌러 살짝 열어만 주면
그 다음부터는 그 열린 금고에 원하는 것을
스스로 채우면 되는 것이니까요.

한번 열린 마음은
마법처럼 자신을 창조할 수 있고
변화할 수 있는 힘을 가지니까요.
제가 한 일은 거기까지인 것 같아요.
사실 저도 캄보디아 제자들이
놀랍고 자랑스러워요."
라고 말해 주었다.

염치가 없어서

아침 청소 중에 커피숍 앞에 차 한 대가 황급히 선다.
"따뜻한 별 아메리카노
테이크 아웃으로 두 잔 부탁해요."

"오늘 첫 손님이시네요, 감사합니다."

커피를 추출하는 동안 손님이 내게 그런다.

"출근하다가
코로나 때문에 사장님 걱정도 되고
첫 손님일 것 같아서 차를 돌려 급하게 왔어요."라고 한다.

손님에게 커피를 건네 주면서
"손님에게 염치가 없어서
돈을 받지 않아야 하는데 미안함에 부끄럽네요."라고 말했다.

"사장님은 손님들에게 인심이 좋잖아요.
돈을 받아야 인심도 버틸 수 있는 겁니다."라고
손님이 내게 하는 말을 들으면서

과연 내가 그러고 있나 속이 멈칫거린다.

손님을 보내고 나서
돈을 받지 않았어야 했는데 마음이 부끄러워 자책을 해 본다.

코로나 이전에는 전국 각지에서 손님들이
시골 읍내 커피숍까지 찾아와
찍은 인증샷을 벽에 잔뜩 붙여 놓았다.

코로나19가 시작되면서 사라진 예전 풍경이 그리워진다.

코로나를 핑곗거리 삼은 염치 없는 하루가 시작되었다.

카페 앞에 마을회관 쓰레기 분리수거함에서
폐지를 줍고 있는 허리가 굽은 노인을 본다.

그 모습에 마음이 불편해
음료수 한 잔을 만들어
조심스럽게 가져다드린다.

"안녕하세요, 어르신. 더운데 음료수 한잔 드시고 하세요."
하면서 음료수를 건네고
난 바쁜 척 자리를 급하게 떠났다.

고르지 못한 거울에 비추어지는 현실이라는 세상에서
우리를 멸종에서 버틸 수 있게 하는
나눔은 생존만이라도 하기 위한
조금은 불편한 공평이기 때문이다.

불평한 공평

우주에서 바라본
지구는 불평 없는 동그란 원이었다.
막상 이 별 안에는
사람이 불평하고 현실이 불평하고
사회가 불평하고 사랑도 불평한다.

쓰레기통을 뒤지고 폐지를 줍는 허리 굽은 노인을
무신경하게 지나치고 나서
주린 배를 뻔뻔히 채우고 있는 불평한 마음에

"저 불평한 허리를 가진 노인은
밤하늘 별 한번 보기가 얼마나 힘들까?"
하고 읊조리는 나도 불평이다.

이 별은 불평에 걸려 넘어진
사람이 사람에게 불평을 하고
심지어 신에게도 불평을 하는
고르지 못해 불평한 것 투성이다.

누구나 불평한 별에서
신은 사람에 사망의 공평을 넣어 주었다.

불평을 나누고 빈손으로 돌아오라면서,

사랑도 불평 없이
공평하게 아낌없이 쓰고 오라면서.

코로나로 손님이 뜸한 시간에 간단하게나마 알코올 잉크로 그림을 그리기 시작했다. 아직은 어설프지만, 재미나긴 하다. 나름 추상으로 제각각 수직 안에 갇힌 하나의 형태와 색이 살아가면서 만나고 변하고 기울어지다가 관계한 수직과 중첩하는 수평이 만들어지고 원시로 회귀하는 평면의 관계를 표현해 본다. 어쩌면 우리는 수직으로 살아가는 수평 한 추상이다.
〈수평 한 추상〉 알코올 잉크 플루이드 콤포지션

카페에서 묵묵히 허드렛일을 하는 그녀와 대화를 한다.

누구도 운명은 결정되어 있지 않다.
내가 나아갈 길을 알려 주는 별을
간절히 찾는다면
우주도 바꿀 수 있는 것이 운명이다.
우리는 어떤 운명으로 묶여 있을까?
나를 만나 고생만 하는 그녀에게 미안해진다.

운명

너는 운명을 믿니?

아니

운명이 뭔 줄 아니?

글쎄 몰라?
운명은 잡을 수 없는 별이야

별?

언제나 너 위에 떠 있지만
네가 간절해질 때만
보이는 그런 별 같은 거야

네가 길을 잃거나 방황할 때,
불현듯 나타나 너를 비춰 주곤 하지

너는 그 별을 따라 걸으면 돼

운명은 그런 간절한 별이야

나도 너를 만나기 전까지는
이곳 봉우리에서
이렇게 간절히 커지는 붉은 줄은
전혀 몰랐으니까

언어

언어는 나와 연결되는
존재의 부재에게 보내는 기호의 강약이다.

너와 나의 경계 어디쯤에 풀어져 있을
감정을 따스하게 어루만지기도 하지만
날카로움과 차가움으로 다치게도 한다.

언어는 감정을 가지고 있는 내 안의 분신이다.

상대를 괴물로 만들 수도 있고
천사로도 만들 수 있는 마법을 가지고 있다.

언어는 순식간에 수억 광년의 별에 갈 수도 있고
그만큼 상대와 멀어질 수도 있는
시공을 초월하는 능력을 가지고 있다.

누군가 사랑하고 싶은가?

나의 언어를 서둘러 포장해 주려고 하지 말고

상대가 건네는 언어의 포장을
먼저 푸는 법을 배워야 한다.

누군가로부터 사랑받고 싶은가?

나의 진심을 포장한 선명한 언어를
상대에 단정하게 건네 줘라.

언어는 불변의 등가법칙을 가지고 있다.
언어는 사랑과 같다.
사랑을 주면 사랑을 돌려받는다.

어쩌겠노, 마무리 잘해라

경험도 없이 무모하게 부푼 기대를 품고
송도 맥주 축제에 부스를 임대하고
10여 일간 카페도 닫아 둔 채 행사장에서 나갔다가
시쳇말로 쫄딱 손실만 보고 왔다.

내심 욕심을 부리는 교만이 많았던 것 같다.
늦은 밤 카페에 돌아와
납품 주문이 들어온 '별이 되어라'를 로스팅 중에
친구와 통화를 하다가
"어쩌겠노, 마무리 잘해라."라고 걱정 어린 소리에

"송충이는 솔잎을 먹고 살아야 한다는
단순한 진리를 오십이 넘은 이 나이에 배운다."고
웃으면서 말해 주었다.

하나님이
20여 년간 온라인 게임 개발자로 살아온 내게
세상 물정을 모르는 내게
넓은 시야와 지혜를 깨닫게 해 주시는 것 같다.

하나님은 때로는 경험으로 지혜로운 길을
내게 인도해 주시는 엄격한 하나님이다.

용수리에서 커피숍을 하면서
난 사랑을 다시 배우고 있는 것 같다.

코로나19로 거리두기에 손님의 발길이 끊겨도
견딜 수 있는 이유는
아마도 이곳에서 하나님이
가장 소중한 것이 무엇인지 내게 일깨워 주시는 것 같다.

누군가를 사랑한다는 것은 내 안에 작은 희망을 만드는 일 같다.

내 옆에 숨죽이며 빛나고 있는 붙박이 별인
한 사람을 향해
별의 지도를 만들고 날개를 수선해 날아야겠다.

희망

사랑하는 이여!
난 아직은 별을 사랑하련다

너의 울음은 입에 물고
나의 슬픔은 침묵하면서
날개를 수선해 너에게 가련다

별들의 도시를 찾아 은하로 떠난
새무리 떼가 남긴
들판에 떠도는 바람을 붙잡아

지상에 떨어진 별의 언어를
수선해 날개를 만들련다

하루의 유영을 끝내고
막다른 지면에 추락한 정오가 흩어진
빛의 조각을 주워
너를 찾아 별의 지도를 그리련다

사랑하는 이여!
난 아직은 별을 사랑하련다

너의 울음은 입에 물고
나의 슬픔은 침묵하면서
날개를 수선해 너에게 가련다

희망은 기다리는 것이 아니라
날개를 만들어 별로 가는 것이리라

감사는 선물이다

영화나 드라마 촬영장에서 커피 영업을 하시는 사장님이
원두가 떨어져 급하게 가지러 오셨다.

그동안 전화상으로만 발주를 넣으셨는데
처음 용수리에 오셔서 얼굴을 뵙게 되었다.

첫 인상과 언어에서 맑고 밝은 느낌의 그분이 내게 그런다.
스타나 연예인들은 커피 맛에 예민해서
맛이나 품질이 떨어지는 커피는 발붙이기가 힘든데
여기서 로스팅한 '별이 되어라' 커피는
다들 너무 좋아하고 스텝들에게도 인기가 많아서
내게 오히려 감사하다고 하신다.

"촬영장에 비밀유지 각서를 쓰고 들어가기 때문에
스타들 실명은 밝히지 말아 주세요." 하면서
전 세계적으로 유명한 아이돌 그룹 멤버 중
한 명도 촬영장에 올 때마다
'별이 되어라' 커피를 좋아한다고 살짝 귀띔해 준다.

난 "제가 감사합니다." 했다 .

그분이 가시고 나서 생각해 본다.
감사가 들어 있는 커피는
볶는 사람이나 내리는 사람이나
마시는 사람이나
맛있을 수밖에 없다.

감사는 하나님이
우리에게 주신 선물이기 때문이다.

"우리가 감사할 수 있는 마음을 주신 하나님
감사합니다, 아멘."

감사의 기도

토요일 커피 수업이
너무 기쁘고 행복했다는 전화가 걸려왔다.

내가 한 일은 진심을 담은 언어로
같이 한 것뿐인데
감사하기도 하면서도 부끄러워진다.

강의 경험이 적은 나로서는
매번 교육을 준비하기 위해
전날에는 불안하고 초초한 마음이 앞선다.

사람을 가르친다는 것에 대한
공포심과 걱정이 한가득이라
교육 자료를 고치고 만들면서 밤을 새우곤 하지만
막상 교육을 시작하면
밤새 준비한 자료는 큰 쓸모가 없게 된다.

하나님이 나를 이끌어 주시는 것 같다.

강의 중에는 나도 모르는 신명이 난다.
그분을 통해
나의 언어에 달란트를 주시는 것 같다.
기쁜 마음에 감사 기도를 드려 본다.

"저를 편협의 강에 빠지지 말게 하옵시고
강퍅한 바위가 되지 말게 하옵소서.
긍휼의 비를 내려 저를 적시옵소서.

저는 어리석어 모르옵니다.
당신의 손길이 깃든
길가에 밟히는 풀잎 하나도 아파한다는 것을
무심코 사람 하나,
내가 내뱉는 언어 하나,
비치는 마음 하나,
보이는 행동 하나에
당신의 사랑이 담긴 꽃의 언어로
저의 믿음이 꽃 피게 하소서.

아멘."

에필로그

2022년 3월 심장에 문제가 생겨서 2차 스텐트 시술을 받았다. 혈압이 50 이하로 떨어지고 10여 분간 숨을 못 쉬는 쇼크가 왔을 때, 심장에 모르핀을 주사하라는 당황하는 의사의 소리침, 산소호흡기를 코에 다느라 부산한 간호사들의 움직임을 고스란히 듣고 느끼면서도 난 미동도 없이 아무 말도, 신음소리조차도 내지 않았다.

또다시 내 몸에 찾아온 몸살처럼 조금 아프다가 이러다가 나아지겠지, 나아지겠지. 속으로 다독이는 오히려 숨을 쉬지 못할수록 마음이 차분해지는 기이한 경험이었다.

이따금 내 몸을 다녀간 몸살처럼 아무 일 없다는 듯이 별일 아니라는 듯이 퇴원하고 일상으로 돌아와 밀린 납품용 원두를 볶고 있음에 감사하다.

지금 살아있음에 하나님께 감사의 기도를 올린다.

너와 함께하는 모든 순간이

너와 함께하는 모든 순간이
나의 인생에서 가장 아름다운 시간이었으면 좋겠다

너의 얼굴을 처음 본 순간에
입술에 키스를 하고 내 두 팔로 너를 안았을 때
세상 모든 것이 사라졌으며
오직 너만이 남아 존재한 이유이기 때문이다

너와 함께하는 모든 순간이
나의 인생에서 가장 행복한 시간이었으면 좋겠다

너에게 사랑을 느끼고,
사랑하고 살아가는 것만으로도
충분히 행복했으면 좋겠다

너와 함께하는 모든 순간이
그것만으로 나의 가치 있는 모든 것이었으면 좋겠다

나에게 남겨진 가장 아름다운 시간이었으면 좋겠다